Découvrez l'histoire
par les archives
de presse

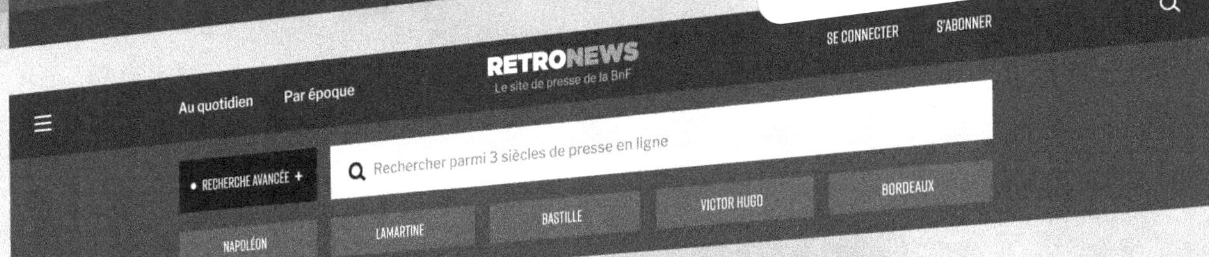

RETRONEWS
Le site de presse de la BnF
SE CONNECTER   S'ABONNER
Au quotidien   Par époque
RECHERCHE AVANCÉE +
Rechercher parmi 3 siècles de presse en ligne
NAPOLÉON   LAMARTINE   BASTILLE   VICTOR HUGO   BORDEAUX

RETRONEWS
Le site de presse de la BnF
www.retronews.fr

LE THÉATRE

REVUE BI-MENSUELLE

Directeur-Gérant : Jules BONNASSIES

N° 2. — 15 DÉCEMBRE 1874

PARIS

LIBRAIRIE DE *L'ÉCHO DE LA SORBONNE*

7, RUE GUÉNÉGAUD, 7

Grand Théâtre de Bordeaux construit par Louis.

AUX INCONNUS

E THÉATRE, on le voit par la liste de ses rédacteurs, s'est
assuré la collaboration des écrivains spéciaux les plus connus, les
plus aimés du public. Cela suffit pour le succès. Mais nous vou-
lons également ouvrir nos colonnes à tous ceux dont le talent n'a
pu se produire et se faire jour jusqu'ici. Toutes les œuvres qu'on
nous enverra seront l'objet d'un examen attentif, et nous serons heureux d'accomplir un acte de justice, ou de réparation, envers ceux dont le mérite aurait
été méconnu ailleurs, soit par le comité de lecture d'un théâtre de Paris, soit par
la direction d'une revue littéraire. Venez donc à nous avec confiance, vous tous
qui vous croyez victimes d'un ostracisme injuste. Apportez-nous votre drame,
vos vers, votre article de critique, avec la certitude que ce sera pour nous une
joie de dissiper les préventions malveillantes dont vous avez eu à vous plaindre.

Sans avoir la prétention de nous poser en dispensateurs de la célébrité, nous
affirmons, du moins, que l'on trouvera en nous des appréciateurs impartiaux,

6

étrangers à toute coterie, pleins de respect pour les réputations acquises, mais amis surtout de la jeunesse, et désireux d'ouvrir la carrière à tous ceux qui s'y sont préparés par des études consciencieuses, ou dont la poitrine est embrasée par le feu sacré.

Venez donc à nous, jeunes gens, car nos rangs sont prêts à s'ouvrir pour vous recevoir; rappelez-vous seulement que la sévérité envers vous-mêmes est le plus sûr moyen de désarmer l'envie et de conquérir l'indulgence d'un public toujours exigeant. — C'est à ce prix que les gloires naissantes sont acclamées.

Vous nous rappellerez ce vers de Malherbe, qui ne recevra jamais une application plus heureuse :

> Et les fruits passeront la promesse des fleurs.

Jules D'ARGIS.

LE THÉATRE.

A Jules Bonnassies.

Lᴏʀsǫᴜᴇ j'entends ces mots magiques : Lᴇ Tʜᴇ́ᴀᴛʀᴇ,
Un univers diffus, charmant, plus varié
Que la vie, effrayant, gracieux et folâtre
M'apparaît, aux splendeurs des rayons marié.

Ce sont les vendangeurs de la joyeuse Attique,
Couronnés de feuillage, ivres des plus doux vins,
Aux quatre vents du ciel jetant l'ode emphatique;
C'est Eschyle au front nu, menant les chœurs divins;

Ce sont les demi-dieux, les chanteurs, les génies
Livrant au destin sombre, avec leur plaie au flanc,
Les Orestes plaintifs et les Iphigénies,
Et les Œdipes fous aveuglés par le sang;

C'est cet archer vainqueur de la foule profane,
Sachant faire obéir la flûte de roseau
Et la lyre, le vers du sage Aristophane,
Célébrant la fierté superbe de l'Oiseau.

C'est le grand créateur mystérieux, Shakspere
S'élançant comme un dieu par son hardi chemin,
Animant la forêt qui parle et qui respire,
Et de ses doigts rêveurs pétrissant l'être humain;

C'est le Crime, l'Erreur, la Fureur, la Folie;
C'est Lear, dont l'ouragan fait voler le manteau,
C'est Hamlet se roulant sous les pieds d'Ophélie;
Ce sont les Rois jaloux aiguisant leur couteau;

C'est, doux cygne éploré, la pâle Desdémone,
C'est Imogène, errant sous les chênes profonds,
Et c'est Titania, pareille à l'anémone,
Baisant le front de l'âne avec des cris bouffons;

C'est Orlando, semant les diamants de l'Inde
Et les perles d'Ophir en sa folle chanson,
Et tressant des sonnets fleuris pour Rosalinde,
Cette capricieuse, habillée en garçon.

C'est tout le peuple étrange, à son rêve docile
Et brillant des rubis célestes du matin,
Que Molière amena de la verte Sicile,
Et que sa fantaisie a vêtu de satin!

Étalant son manteau comme les paons leurs queues,
Et versant la folie en sa coupe où je bois,
C'est Scapin, blanc de neige, orné de quilles bleues,
Avec sa barbe folle et son poignard de bois;

Isabelles, Agnès, ce sont les jeunes filles
Dont Valère chérit les fronts délicieux;
C'est Zerbinette; c'est le roi des Mascarilles
Faisant tourbillonner sa pourpre vers les cieux;

Ce sont les Ægipans, les Nymphes, les Déesses,
Les Turcs, les Espagnols, les Poitevins dansants,
Que le Songeur, suivi d'ombres enchanteresses,
Évoque aux pieds du roi Louis, ivre d'encens;

C'est Tartuffe, essayant les poisons qu'il mélange;
C'est don Juan que meurtrit le Désir, ce vautour,
Et qui, sur sa paupière et sur son front d'archange
Laisse voir la brûlure affreuse de l'amour.

C'est Regnard, plein d'ivresse, avec son *Légataire*,
Et Lisette et Crispin, vêtu du noir manteau;
C'est Marivaux pensif, embarquant pour Cythère
Dorante et Silvia, costumés par Watteau;

C'est Talma, dans Néron, gardant sa noble pose,
Laissant rugir sa mère, et calme sous l'affront
Jouant avec un bout de son écharpe rose;
C'est Mars au beau sourire, avec sa rose au front;

Puis c'est le Drame, avec son extase féerique,
Ressuscité, rayant les cieux de son grand vol
Et planant à la voix du poëte lyrique;
C'est Marion de Lorme, et Blanche et dona Sol;

C'est le vieux Job chargé d'attentats et de gloire;
C'est Tisbe, menaçant par la voix de Dorval;
C'est Ruy Blas déchirant sa pourpre dérisoire,
Et le vieux Frédérick, demeuré sans rival.

Puis, Esther murmurant ses plaintes sous le cèdre,
Jeanne d'Arc inspirée invoquant Saint Michel,
Pauline s'élançant vers Dieu, Camille, Phèdre,
C'est l'éblouissement tragique, c'est Rachel!

Elle est, courant, la haine au front, sur le rivage,
Hermione mêlant sa plainte au flot moqueur;
Elle est Chimène, ayant en sa fierté sauvage
Une goutte de sang de taureau dans le cœur.

C'est Musset, toujours beau de sa douleur insigne,
Brodant de perles d'or quelque vieux fabliau,
Par la voix des acteurs disant un chant de cygne,
Et versant sur nos mains les pleurs de Célio;

C'est le sombre Antony poignardant son Adèle;
C'est toi qui meurs si jeune et qui t'humilias,
Amante, courtisane au front chaste et fidèle,
Marguerite, portant les blancs camellias!

C'est Jocrisse, ingénu comme une fille, et rouge
Comme un coquelicot dans les blés de Cérès,
Et que, pour nous ravir, tant notre horizon bouge!
Font si spirituel Arnal et Gil Pérès;

C'est le grand Bilboquet dans son carrick noisette,
Ou montrant le pourpoint du *farouche Espagnol*,
Et jouant de son nez comme d'une musette;
C'est Prudhomme, rayant l'azur avec son col;

Enfin c'est, tout souillé par les fanges nocturnes
Et tournant dans ses doigts son lorgnon radieux,
Robert-Macaire avec ses souliers à cothurnes,
Et son pantalon fait de la pourpre des Dieux!

Et sur cette mêlée étrange et surhumaine,
Près des astres d'argent montrant leurs pieds nacrés,
Les sœurs aux belles voix, Thalie et Melpomène
Planent dans la splendeur des vastes cieux sacrés,

Celle-ci, furieuse et montant la Chimère,
Et celle-là, Pégase au regard meurtrier;
L'une, jetant des fleurs sur les pieds nus d'Homère,
Et l'autre, couronnant Rabelais du laurier!

Théodore de BANVILLE.

GOT.

Rançois-Jules-Édmond Got est Breton d'origine et plus encore de caractère. On connaît la race des comédiens. Elle est nerveuse, irritable, prompte aux exaltations irréfléchies comme aux découragements sans motifs; d'une vanité exubérante ou ombrageuse, presque toujours maladive; ils sont tous, en un mot, femmes par quelque endroit; Got est un homme, et là est le secret de son originalité.

La nature a doué sans aucun doute certains grands artistes de qualités plus primesautières et plus éminentes. On ne trouverait peut-être pas chez lui cette réunion de dons merveilleux qui font les Talma, ni ces extraordinaires mouvements de passion par où les Frédérick-Lemaître emportent une salle. Mais il avait reçu du ciel une âme indépendante et fière, un caractère résolu et tenace qui l'eussent tiré hors de pair, en quelque condition que le sort l'eût jeté.

Il fit ses études et de bonnes études à Charlemagne, dans la pension Saint-Amand Cimetière, qui devint plus tard la pension Jauffret. Il y fut le camarade d'About et un peu le mien. Un peu plus âgé que nous; car il est du 1ᵉʳ octobre 1823. About est de février 1828. Il eut, en quatrième, un prix de version au concours général; il fût sans doute entré, comme tous les *forts* de ce temps-là, à l'École Normale, une fois ses classes terminées, s'il n'eût été jeté hors de l'ornière par un incident où se manifesta pour la première fois ce caractère hautain et ferme qui se qualifie, chez les enfants, de mauvaise tête.

Il était boursier, comme nous tous, et payait en succès, au concours, le prix de sa pension. Son marchand de soupe eut le tort de lui reprocher, en termes maladroits, les bienfaits de l'éducation qu'il recevait gratis. Got sortit furieux et ne rentra plus. Rien ne lui eût été plus facile que de se faire admettre dans un autre établissement; les chefs d'institution se disputaient alors les bons élèves. Mais il en avait assez de manger le pain des autres. Il resta externe.

C'était une tradition, à Charlemagne, que les externes tinssent peu de compte et du règlement et des devoirs donnés par les professeurs. Got ne la démentit qu'à moitié. Son esprit naturel d'indépendance s'accrut de la liberté qui lui était laissée par son nouvel état. Il fréquenta plus assidûment les théâtres que les classes, se lia avec les écrivains du *National,* et, dès l'âge de 18 ans, à l'heure où nous piochions encore des versions latines, il écrivait ses premiers articles, qu'il signa d'un pseudonyme : Arthur d'Anghien. On les retrouverait encore dans la collection, sous la rubrique : A. D.

Il acheva ainsi son temps de collége, et se trouva sur le pavé sans un sou. Il eut bientôt pris son parti. Menjaud, un acteur estimé de la Comédie-Française, et que je me rappelle avoir vu dans mon enfance, était voisin de son père. Le jeune homme alla le trouver et lui demanda conseil.

— Récitez-moi quelque chose, dit Menjaud.

Got choisit au hasard; c'était la tirade de Clitandre, dans *le Misanthrope*. Menjaud l'écouta avec bienveillance et lui dit que son visage et sa voix le destinaient plutôt aux comiques. Huit jours après, Got revenait la mémoire chargée d'un nouveau morceau ; c'était le récit d'Horace dans *l'École des Femmes*.

— Mais je vous avais dit : les comiques, observa Menjaud légèrement étonné.

— Eh' bien ! cela n'est-il pas comique, et très-comique ?

Menjaud s'intéressa à lui et le fit entrer au Conservatoire. Got suivit le cours de Provost, où se trouvaient, à cette époque, Mlle Augustine Brohan et Ponchard, qui tourna depuis vers l'opéra-comique. Il y resta deux ans et demi, travaillant beaucoup et méritant la pension que l'on accorde aux élèves qui se distinguent.

Il eut le malheur de remporter le premier prix, et sa pension lui fut supprimée. C'est l'usage au Conservatoire. Quand un élève a obtenu le premier prix, il est censé n'avoir plus rien à apprendre ; on lui ôte tout moyen de se tirer d'affaire et de vivre juste, au moment où il en aurait le plus besoin.

Voilà notre lauréat bien en peine. Il se mit à traduire saint Jérôme au compte d'un libraire, pour une collection d'auteurs ecclésiastiques. Got traduisant saint Jérôme ! L'heure de la conscription sonne ; il tire un mauvais numéro et devient soldat au 4e chasseurs à cheval. Huit mois après, il était brigadier. Mais ces honneurs ne suffisaient pas à son ambition. Il rêvait de débuter à la Comédie-Française, dont son premier prix lui ouvrait l'accès de droit. Il conta son désir au général Goyon, à qui il avait été chaudement recommandé.

— Tu veux aller te faire siffler là-bas, lui dit le général avec une bonhomie brusque. Va, mon enfant, tu retrouveras, en nous revenant, tes galons de brigadier.

Il aborda la scène avec la sombre et farouche résolution d'un homme qui joue son avenir sur une carte. Ce n'était peut-être pas une excellente disposition d'esprit pour entrer dans la peau du Scapin des *Fourberies*. Il fut exécrable, et, si la prédiction du général de Goyon ne se réalisa point, il ne s'en fallut de guère.

Deux jours après, il lut, dans un journal, un article très-vif contre ses débuts, et le hasard fit que le soir même il en rencontra l'auteur à l'orchestre du Théâtre-Français. C'était un écrivain oublié aujourd'hui, Charles Maurice, mais bien connu de la génération qui nous a précédés, pour son esprit mordant et sa basse vénalité.

— Eh bien ! jeune homme, lui dit le journaliste, pourquoi n'êtes-vous pas venu me voir ?

Got n'était pas de bonne humeur; il croyait n'avoir plus rien à ménager ; il répondit de son air le plus cassant :

— J'ignorais votre adresse.

PORTRAIT DE M. GOT PAR M. CARPEAUX
dessiné par M. Got lui-même.

— Il fallait venir au journal ; car j'ai un journal.

— Ma foi ! Monsieur, c'est que je suis pauvre, et que je n'ai pas de quoi payer la claque.

Charles Maurice devint son ennemi le plus acharné ; mais les ennemis ne sont pas inutiles aux artistes.

Son feuilleton, me disait Got, était le seul que je lusse. Charles Maurice avait une merveilleuse adresse à trouver les endroits faibles d'un acteur et une méchanceté incomparable à les railler. Je me corrigeai de bien des défauts sur ses critiques, et il ne m'en a rien coûté. C'était tout bénéfice.

Got, en effet, à la suite d'épreuves plus heureuses, avait été engagé à la Comédie-Française pour l'année suivante, et il était allé passer les huit mois qui le séparaient de son entrée définitive dans la maison de Molière, au théâtre de Nantes, que dirigeait alors Tilly.

Il fut enfin rappelé sur la grande scène qu'il ne devait plus quitter. Il n'avait plus rien à démêler avec le ministre de la guerre ; son numéro, de mauvais qu'il était, étant devenu bon par suite d'engagements volontaires, qui l'avaient libéré. Il eut un noviciat très-long et très-dur ; car, entré en 1844, il n'obtint le sociétariat qu'en 1850. Il travailla ferme dans cet intervalle, jouant tous les petits rôles du vieux répertoire, portant des lettres au besoin, sans jamais se plaindre, possédé de la sainte rage de faire son trou.

Peu d'occasions se présentaient : lors de la reprise de *la Ciguë* d'Augier, il avait joué près de deux cents fois le personnage de Pâris. Mais ce rôle, de qui dataient ses premières relations avec Émile Augier, ne l'avait pas mis en évidence. Il eut son premier grand et vrai succès dans *Il ne faut jurer de rien*, le 22 juin 1848. Je cite la date exacte, parce qu'elle est caractéristique. Au moment où le rideau se levait dans la salle, une autre pièce, bien autrement émouvante, se jouait dans la rue ; c'étaient les terribles journées de juin qui commençaient.

Tout le monde se souvient du singulier cachet de vérité dont Got marqua ce pauvre curé de village, bon, étourdi et niais, qui vient faire, au château, le piquet quotidien de madame la marquise. C'est dans la composition de ce personnage qu'il révéla, pour la première fois, sa rare aptitude à saisir la vérité sur le vif et à la traduire aux yeux en un type vivant. Cette création lui fit d'autant plus d'honneur qu'elle lui était absolument personnelle. Ni son directeur, M. Lockroy, ni l'auteur, Alfred de Musset, n'entendaient ainsi le rôle ; et Got n'avait, pour résister à leurs conseils, ni l'âge ni l'autorité nécessaires.

Il opposa à toutes les objurgations des intéressés cette obstination lente et dure qui est le fond de son caractère. Rien n'était plus facile que de faire de cet abbé du proverbe un petit abbé de convention, et de le jouer, comme disent les artistes, *de chic*. Mais il était dans la nature du jeune comédien de mépriser la convention et de chercher derrière elle la vérité qu'elle cache. Le public fut ravi de ce jeu sobre, naïf et pittoresque, et, le soir même, Alfred de Musset alla dans sa loge lui presser la main et le remercier ; en galant homme, il convint que c'était lui qui s'était trompé.

Il semble que ce grand succès eût dû ouvrir à Got les portes du sociétariat ; mais la maison de Molière n'est pas commode aux nouveaux venus :

— Du talent ! mon Dieu oui, disaient autour de lui les bonnes âmes ; mais il ne jouera jamais que les seconds comiques. Il n'est pas taillé pour les grands rôles.

La victoire qu'il avait remportée tournait contre lui. Ce n'était pas, en ce temps-là, chose facile de faire ses preuves à la Comédie-Française. Le théâtre subissait, depuis bien des années, une des plus cruelles déveines qu'il ait jamais traversées. Rien n'y pouvait réussir ; les pièces nouvelles fondaient comme la neige au soleil. On s'étonne aujourd'hui et l'on se plaint quand on ne fait, avec le vieux répertoire, que trois mille francs de recettes ; alors les recettes de cent écus n'étaient pas rares.

Il fallut pourtant se rendre, et Got obtint enfin de ses camarades un titre et une position auxquels il était depuis longtemps désigné par la faveur publique.

Francisque SARCEY.

(*La fin au prochain numéro.*)

LES COMIQUES DE PARIS.

L A Muse tragique et la Muse comique sont deux rivales s'adressant au même sultan blasé qui a nom : *le Public*.

L'art d'arracher des larmes aux spectatrices est certes un rare privilége.

On a vu des gardes du commerce pleurer à *Andromaque*, ce qui n'était pas un maigre résultat pour Mlle Rachel.

Mais l'art de faire rire est peut-être plus difficile encore.

** **

Le rire n'a jamais été bien défini.

C'est un épanouissement de la rate, disent quelques médecins.

Qui donc a vu la rate épanouie durant un accès d'hilarité ?

Qui donc a fait l'autopsie immédiate d'un homme mort en riant, pour voir si la rate était ou non dilatée ?

Le rire, comme bien des fonctions humaines, manque encore de définition exacte.

***

Ce qu'il y a de certain, c'est que le rire n'est point un signe de légèreté.

Le gai philosophe qui se moquait autrefois des sottises de l'humanité fut visité par Esculape, et le médecin, après l'avoir interrogé, reconnut qu'il avait devant lui non-seulement un doux philosophe, mais aussi un savant considérable.

C'est ce même Héraclite qui, étant à son lit de mort, voyait sa servante pleurer parce qu'elle ne pouvait pas aller à une fête voisine, à raison de l'indisposition de son maître. Il se fit apporter des pains chauds et allongea sa vie avec ce remède jusqu'à ce que la servante fût revenue de son bal, ne voulant pas la priver des rires joyeux, puis, quand elle fut revenue, il se tourna sur le côté et rendit l'âme.

***

Le rire, à la lecture, est la plus grande des difficultés à vaincre.

Le *Don Quichotte* de Miguel Cervantès ne fait pas rire : le chevalier de la Triste-Figure est à plaindre et Sancho Pança émet des axiomes graves.

Rabelais est joyeux toujours : il n'est pas souvent égayant.

Le premier écrivain comique fut assurément Pigault-Lebrun, — *l'Enfant de ma Femme* eut un succès d'hilarité incommensurable.

L'éclat de rire partit d'un bout à l'autre du pays.

Il y avait là l'épisode du plat d'épinards qui choquait considérablement la censure de la Restauration.

Pour plaire au Gouvernement, l'éditeur Barba proposa à Pigault-Lebrun de supprimer ce passage scabreux dans une édition sous presse.

Cela fut fait; mais personne n'acheta le livre expurgé.

L'édition resta pour compte.

« Papa Barba, dit Pigault-Lebrun à son éditeur, à l'avenir nous ne retrancherons plus rien. »

Oter un passage comique à un roman pareil, c'était, en effet, lui faire perdre tout son piquant.

***

Après Pigault-Lebrun, nous devons placer Paul de Kock.

Ni Auguste Ricard, ni Ducray-Duminil ne possédaient ce *vis comica* admirable de l'auteur de *Sœur Anne* et du *Cocu*.

Il a même une grande supériorité sur Pigault-Lebrun.

L'auteur du *Garçon sans souci* a la colère de son parti. — Il fait des caricatures politiques. — Il trace des silhouettes grotesques des personnages de son temps. — Sa marotte blesse et ressemble au fouet de Némésis. Il harcèle, il cingle, il meurtrit.

C'est un satirique toujours; ce n'est pas un comique souvent.

Paul de Kock n'a pas d'opinion.

Il se mêle au peuple et nous montre, en ses habits frais et pimpants dans leur humilité, la grisette, cette fée souriante dont on ne trouve plus trace parmi nous.

Les originaux passent, les types vrais et amusants se succèdent devant le lecteur.

La plus bégueule des lectrices rit entre deux pages, comme une coquette entre les branches de son éventail.

C'est de la bonne et franche gaîté sans méchanceté ni malice.

*
* *

Avec Paul de Kock, le roman comique est mort. ·

Pas un Scarron moderne n'est parvenu à le ressusciter.

Eugène Chavette donnait des espérances; il s'est égaré dans le roman d'aventures.

Le comique écrit s'est réfugié dans les légendes des dessinateurs, Cham et Grévin en tête.

*
* *

Le comique au théâtre, c'est tout autre chose.

L'artillerie littéraire est frêle, mais il faudra la lancer avec dextérité.

Faire un mot, ce n'est rien; le porter au public, c'est tout.

Alors survient l'acteur.

Ce sont ses lèvres qui prononcent le *Qu'il mourût!* comique des Corneille et des Racine de la Bouffonnerie.

L'acteur s'identifie au personnage; il endosse ses ridicules, il vit de sa vie.

Fleury fut toujours le grand Frédéric, appuyé sur sa canne et prisant dans une tabatière d'or.

De nos jours, Frédérick-Lemaître rappela toujours le *Robert Macaire* de 1840.

Un artiste de mérite, qui est encore dans la force de son talent, ne peut se débarrasser du ton et de la dégaine de *Choppart* du *Courrier de Lyon.*

Le véritable comique est donc celui qui prête à chaque création une originalité spéciale, un cachet particulier.

*
* *

Laurent, un comique du théâtre de la Porte-Saint-Martin, le comique du *Pied de Mouton* et des *Pilules du Diable*, me disait un jour :

« Nous ne sommes pas toujours heureux.

— Pourquoi?

— Nous ne faisons pas toujours rire.

— De quoi cela dépend-il?

— Cela dépend du public. — Il y a des théâtres où on ferait rire en leur lisant le Code civil; ils vont tout seuls. Il y en a d'autres où on se tirerait le nez jusqu'au front, qu'ils ne riraient pas. »

Le petit Francisque, qu'on appelait Francisque jeune, même quand il avait soixante-cinq ans, faisait pouffer les spectateurs de l'ancien Ambigu. — Il n'a jamais fait rire, même une ouvreuse, quand son ancien camarade Montigny l'engagea au Gymnase.

Ravel était acclamé au Palais-Royal. — Il fit des fours successifs au Vaudeville et au théâtre du boulevard Bonne-Nouvelle.

N'est pas comique qui veut.

*
* *

Ce n'est pas par le tragique, c'est par le comique qu'on attire les masses.

Les parades des farceurs de la foire, de Tabarin, de Bobêche et Galimafré, réjouissaient la multitude.

On a raffolé de Jocrisse et de Cadet Roussel.

J'ai retrouvé un ouvrage qui est réputé introuvable. C'est une reproduction des *Parades des boulevards de Paris* datée de 1810.

Et je veux en donner ici un court échantillon :

LE COMMERCE.

CASSANDRE, PAILLASSE.

CASSANDRE. — Paillasse!

PAILLASSE. — Matelas!

CASSANDRE. — Comment! Que veut dire cette réponse? Tu mériterais... insolent!

PAILLASSE. — Dame, Monsieur, vous me parlez de paillasse, je vous parle de matelas, moi... Monsieur, faites-moi un croquet.

CASSANDRE. — Comment, un croquet?

PAILLASSE. — Oui, un croquet, un colifichet, un plaisir enfin.

CASSANDRE. — Ah! j'entends! Le butor, avec son croquet! Hé bien que me veux-tu?

PAILLASSE. — Faites-moi le croquet... le plaisir de m'écouter.

CASSANDRE. — Allons, je t'écoute.

PAILLASSE. — Monsieur, il faut que vous sachiez que je ne puis plus rester à votre service.

CASSANDRE. — Comment cela? Est-ce que tu n'es pas bien avec moi? Qu'est-ce qui te manque?

PAILLASSE. — Rien du tout, Monsieur; vous avez des bontés pour moi dont je suis confus; mais je ne puis plus rester à votre service.

CASSANDRE. — Quoi? Est-ce que tu voudrais qu'on augmentât tes gages? Tu n'as qu'à parler. S'il ne s'agit que d'une couple de louis de plus, ou même de 100 francs, je n'y regarderai pas.

PAILLASSE. — Monsieur, ce n'est pas l'intérêt qui me guide dans ce moment.

CASSANDRE. — Qu'est-ce donc en ce cas? Est-ce qu'il t'aurait pris fantaisie de te marier?

PAILLASSE. — Me marier, Monsieur? Mais vous ne savez donc pas que j'en suis à ma douzième femme, et que je n'en ai pas encore eu une qui ait eu une aussi bonne envie de vivre qu'elle?

CASSANDRE. — Dis-moi donc, en ce cas, ce qui te dégoûte de mon service?

PAILLASSE. — Je ne m'en dégoûte pas, Monsieur, mais c'est que j'ai une sœur — une sœur, ah! qui est riche comme un Crésus, et elle ne peut pas se passer de moi, — D'ailleurs, Monsieur, je lui serai utile dans son commerce.

CASSANDRE. — Et quel est son commerce?

PAILLASSE. — Ah! Monsieur, un commerce considérable. Elle tient des pièces de velours, de pékin, de levantine, de percale, de pou-de-soie, du gourgouran, des mousselines, des batistes, du piqué, du linon, des dentelles, du drap de soie, d'écarlate, des cachemires, du patincote, du casimir, du papier de toute espèce, des os, des cornes, des peaux de lapin, des chiens, des chats et des rats morts.

CASSANDRE. — Comment! Elle vend du velours, des cachemires et des dentelles avec des chiens, des chats et des rats morts? Allons, allons, tu perds la tête; je vois que tu veux te moquer de moi, et tu seras châtié de ton insolence si tu ne m'avoues pas ce qu'il en est.

PAILLASSE. — Eh bien, Monsieur, puisqu'il faut que je vous parle franchement, sachez qu'elle est chiffonnière, c'est-à-dire lingère au petit crochet. Quand je vous ai déclaré qu'elle avait des pièces de drap, de soie, d'écarlate, etc., ne vous ai-je pas dit la vérité? C'est que vous ne m'avez pas compris.

CASSANDRE. — Il est vrai que j'ai eu tort; en ce cas, je n'ai plus mot à dire. — Va-t'en chez ta sœur, mon ami, puisque tu aimes le commerce; moi, de mon côté, je vais chercher un fidèle serviteur qui puisse te remplacer.

*
* *

Dans la seconde parade, le rôle comique appartient au compère Cassandre.

Paillasse à son tour donne la réplique à son maître.

LA BONNE CONDITION.

CASSANDRE. — Paillasse, je suis bien aise de te voir; j'ai une très-bonne condition à t'offrir.

PAILLASSE. — Ah! Monsieur, je vous suis bien obligé. Vous croyez donc que je serai bien placé.

CASSANDRE. — Oui, bien traité, bien nourri, et tu n'auras pas grand chose à faire.

PAILLASSE. — C'est bien là ce qu'il me faut, Monsieur.

CASSANDRE. — D'abord, le matin, avant de déjeuner, tu n'auras que deux ou trois petites commissions à remplir.

PAILLASSE. — Dans le même quartier, sans doute?

CASSANDRE. — Oui, sûrement. La première est à l'Arsenal, la seconde, sur ton chemin, au Gros-Caillou, et la troisième à la barrière Montmartre.

PAILLASSE. — Et vous appelez cela des petites commissions?

CASSANDRE. — Mais assurément, à ton âge; et puis aussitôt qu'elles sont faites, tu reviens déjeuner.

PAILLASSE. — A la bonne heure, car je suis bien sûr que j'aurai de l'appétit.

CASSANDRE. — A ton retour, on te fait entrer dans la cuisine.

PAILLASSE. — Pour déjeuner?

CASSANDRE. — Pas tout de suite; on te donne un balai.

PAILLASSE. — Pourquoi faire?

CASSANDRE. — Pour balayer trois petites cours.

PAILLASSE. — Bien petites, car sans cela je tomberais d'inanition.

CASSANDRE. — La première n'est pas plus grande que la place Vendôme.

PAILLASSE. — Comment voulez-vous que je balaye, à moi tout seul, un aussi grand espace de terrain?

CASSANDRE. — A ton âge! La seconde est à peu près grande comme la place des Victoires.

PAILLASSE. — Vous voulez me faire crever de fatigue.

CASSANDRE. — Mais pas du tout; c'est l'affaire d'un moment. La troisième enfin, pour celle-là, elle est bien petite : elle n'a que douze pieds de large.

PAILLASSE. — A la bonne heure pour celle-là, passe.

CASSANDRE. — Oui, elle n'a que douze pieds de large ; mais elle est longue, longue comme l'avenue de Chaillot.

PAILLASSE. — Hé! je serai mort dix fois avant d'avoir fini.

CASSANDRE. — Après cela, on te sert, sur un plateau, un poulet à la tartare, des saucissons, un lapin.

PAILLASSE. — Pourvu que ce ne soit pas un lapin de gouttière.

CASSANDRE. — Du tout ; un lapin de garenne, une volaille froide, des œufs frais et du melon... que tu portes à ton maître.

PAILLASSE. — Comment, tout cela n'est pas pour moi ?

CASSANDRE. — Tu ne voudrais pas déjeuner avant Monsieur : ton tour viendra quand il aura fini ; tu te rendras à la cuisine.

PAILLASSE. — Pour déjeuner?

CASSANDRE. — Sûrement. — Là, le marmiton, le cuisinier, le cocher, deux postillons et le palefrenier viendront se joindre à toi.

PAILLASSE. — Quoi? je ne déjeune pas tout seul?

CASSANDRE. — Non, tu t'ennuierais trop. Quand vous serez réunis, on vous servira douze à quinze bonnes grosses noix pour vous tous, et à chacun un grand verre d'eau.

PAILLASSE. — Allons, Monsieur, vous plaisantez, je crois, avec vos noix et vos verres d'eau. Est-ce que vous me prenez pour un imbécile? Je ne veux pas de votre condition, j'aime mieux rester ce que je suis.

CASSANDRE. — Tu te rappelleras toujours que je t'ai voulu placer; si tu refuses ton bonheur, ne viens pas t'en plaindre à moi. Adieu; au revoir, Paillasse.

PAILLASSE. — Au revoir, Monsieur; je vais un peu me remettre, au cabaret, car vos verres d'eau m'ont glacé le sang.

LÉo LESPÈS.

(La suite prochainement)

M. ALEXANDRE DUMAS

AUTEUR DRAMATIQUE.

LE *castigat ridendo mores* est une enseigne, comme toutes les autres, trompeuse. Qualifié de tous les gérondifs en *do* imaginables, le théâtre ne *castigat* ni plus ni moins. Avares malgré Euclion, jaloux malgré Othello, libertins malgré don Juan, les hommes ont ri, mais ne se sont point corrigés. M. Dumas, plus que Plaute, Shakespeare ou Molière, aurait-il le don de moraliser par la satire de ses comédies ou l'épouvante de ses drames, et, nous particulièrement, dont la conscience n'est point réveillée par les catastrophes les plus retentissantes, pourrions-nous être éclairés par un homme, quand un cataclysme nous laisse aveugles? Celui-là est-il meilleur ou pire qu'un autre pour l'achèvement d'une telle œuvre? Pourquoi lui demander d'être le prêtre du Bien quand on exige seulement de ses confrères qu'ils aient l'art de nous distraire?

C'est que lui-même l'a voulu ainsi. Être homme d'esprit ne lui suffit pas, car cette flamme de punch ou de vitriol qu'on appelle l'esprit, incomparable instrument de destruction, est dénuée de puissance créatrice; il a l'ambition de rester comme un philosophe : l'homme de toute science et de toute sagesse. C'est lui qui écrit dans la préface du *Fils naturel* (1868) : « Inaugurons le théâtre *utile*, au risque d'entendre crier les apôtres de *l'art pour l'art*, trois mots absolument vides de sens. Toute littérature qui n'a pas en vue la perfectibilité, la moralisation, l'idéal, l'utile, en un mot, est une littérature rachitique et malsaine, née morte. » Et plus haut : « Il nous faut peindre à larges traits, non plus l'homme individu, mais l'homme humanité ; le retremper dans ses sources, lui indiquer ses voies, lui découvrir ses finalités, autrement dit, nous faire plus que moralistes : nous faire législateurs. »

Voilà bien des éléments de philosophie contenus en ces quelques lignes ; L'Humanité, la Morale, la Loi. L'humanité, il l'étudie; la morale, il la cherche; reste la loi. Eh bien, plutôt que le théâtre humain, plutôt que le théâtre moral, M. Dumas fils a fait le théâtre légal.

C'est là le caractère essentiel de son œuvre, que je tâcherai d'examiner, car, pour la morale, surtout en fait de théâtre, j'avoue ne pas savoir ce qu'elle est. Le *point fixe* dont Pascal marquait l'absence n'a pas encore été trouvé : où l'absolu fait défaut, comment juger du relatif?

Le principe essentiel du drame, comme on sait, est la lutte : lutte du devoir et de l'intérêt, de l'instinct et du sentiment, de la passion et de la fatalité. Le drame nous fait assister au spectacle de la créature humaine se débattant entre le moi, susceptible de se modifier, et quelque force extérienre, implacable. L'émotion du spectateur est proportionnelle à sa certitude de l'inflexibilité de la force donnée. Aussi, la lutte de l'Homme et de la Fatalité fut le premier élément du drame : M. Victor Hugo a écrit le mot suprême quand il a gravé au fronton de *Notre-Dame de Paris :* Ἀνάγκη.

La fatalité, puissance d'abord abstraite, s'est personnifiée successivement dans la Divinité, dans la Souveraineté, dans la Loi, dans la Haine, dans l'Amour, dans le Serment, changeant de forme selon le scepticisme ou la crédulité des temps. Au milieu de notre siècle, où l'auteur dramatique se trouve en face de mille sceptiques sur quinze cents spectateurs, le Fatum et le Doigt de Dieu n'étaient plus de mise. Restait l'inépuisable arsenal des passions; mais leurs effets sont discutables à perte d'arguments (voyez *la princesse Georges*), de sorte que celui qui prétend faire une pièce moderne étonnamment solide doit employer une autre force s'il veut sûrement saisir ses personnages dans l'étau dramatique et réduire son public à l'oppression haletante de l'émotion.

Cette force, elle existe depuis l'organisation de la Société. Trop souvent bafouée par les gens de pouvoir, toujours subie par la masse, elle pèse chaque jour davantage sur l'individu, le circonvient, l'étreint et le pénètre ; il semblerait que, féminine, elle s'est faite femme, et on la viole : c'est la Loi. Une telle puissance devait nécessairement frapper l'attention de l'homme de théâtre en quête de moyens nouveaux. Elle a été bien refoulée, depuis, par un envahisseur qui nous ferait faire aujourd'hui, au lieu du théâtre légal, le théâtre obsidional; mais, je me détourne. Il s'agissait donc d'engager la loi et de l'exploiter comme une cabotine. Je ne dirai pas que M. Dumas ait, le premier, ouvert cette veine, c'est lui qui en a tiré les résultats les plus éclatants.

Je ne cherche aucun point de légalité dans *la Dame aux Camélias*. Voici Diane de Lys avec un mari qui a poussé ses études juridiques plus loin que le baccalauréat; il pourrait être Ministre, lui. Voyez comme il raisonne jurisprudence avec sa femme (acte III, scène x), comme il se carre dans la légalité (acte IV, scène xiii), et comme, armé du Code et d'un pistolet, il tue ce malheureux Paul Aubry qui ne songe pas à se sauver par la fenêtre. C'était un *Tue-le* très-franc, précédé d'un avertissement, une espèce de communiqué, mais dont la légalité n'était pas indiscutable : le moment était mal choisi.

Je vois bien passer, dans les sentiers du *Demi-Monde*, un Richond qui a des velléités de prouver légalement à sa femme que, pour ses pareilles, Saint-Lazare est aussi hospitalier que Madeleine est indulgente, mais, j'ai hâte d'arriver au *Fils naturel*, où le procédé prend forme et caractère. On se rappelle que cette pièce, représentée en 1858, avait été commencée avant *le Demi-Monde*. On peut donc supposer que l'auteur, après le succès obtenu par le dénoûment de *Diane de Lys*, avait persévéré volontiers à prendre quelques articles du Code pour asseoir une situation et s'approvisionner d'arguments. La critique avait déjà commencé à le chicaner sur l'emploi de personnages qui, disait-elle, avaient tous passé par la même école; il ne voulait donc pas s'exposer au reproche de ramener encore sur la scène quelque fort en droit comme le comte de Lys. On eût peut-être mal accueilli un jeune premier appuyant d'une citation de Dalloz ou de Tripier une demande en mariage chanceuse, ou une ingénue sortant de sa poche un petit code relié en velours bleu avant de répondre à une question de ses parents. L'auteur usa donc d'un système conforme au principe traditionnel : il incarna une abstraction, il fit sortir d'une étude du faubourg Saint-Honoré ou de la rue de Chabanais la Loi vivante, le Code ambulant; le notaire moderne apparut, et, en maître qu'il était, conduisit l'action de la pièce. Et ce n'est plus, on peut le dire, « un notaire comme on en voit dans les comédies », le notaire de Molière, qu'on fait venir, qu'on renvoie, dont on bouleverse les papiers, à qui l'on retire son siége et qui s'assied les quatre fers en l'air; c'est l'homme d'importance, dépositaire de fonds, de secrets, et, parfois, de fonds secrets; il porte la redingote ample de l'abbé mondain, confesseur au fauteuil, et la cravate blanche du docteur qui, lui, nous le verrons une autre fois, était engagé pour jouer les Desgenais dans les pièces de M. Sardou ; il est l'ami des familles, et, s'il a lui-même neuf enfants, quatre de plus que son ancien clerc, Le Bon, ce n'est pas par métier.

Celui qui inaugure la série porte un nom prédestiné : il s'appelle Aristide. Jeune, il ne badinait pas avec l'amour; plus âgé, il prétend que tout homme ait le courage de reconnaître ses œuvres paternelles ; il distingue entre la séductrice et la femme séduite. Il représente bien la loi, qui veut que tout homme puisse justifier de son nom, quand il vient, en qualité de notaire, révéler à Mme d'Orgebac la naissance illégitime de son filleul, illégalement appelé de Boisceny. Il est l'interprète de la loi, quand, pour le triomphe de son érudition de jurisconsulte, il mène une scène du plus haut comique entre le père honteux, égoïste, et un brave marquis très-sympathique, oncle et neveu, qui prétendent, chacun de son côté, reconnaître le même enfant, ayant tous les deux le droit de le faire. Exposée au moyen d'un dialogue d'une vivacité singulière, cette situation de comique juridique est unique dans le théâtre moderne : on ne donne pas une consultation d'une façon plus savante et à la fois plus divertissante.

Aristide Fressard est honnête homme; son confrère Avertin pourrait bien avoir sur la conscience quelque voyage en Belgique. Notaire *ex machiná*, il assemble les nuages de la situation et les dissipe dans *Héloïse Paranquet* où, ce me semble, le théâtre légal atteint son apogée. Je ne m'arrête pas une minute à remarquer que la pièce est signée A. DURANTIN. La critique, à qui n'est pas interdite la recherche de la paternité, a formé là-dessus la conviction publique : M. Dumas lui-même a un peu imité le marquis d'Orgebac; en définitive le Durantin a voulu jouer les Sternay, mais la Faculté n'a pas reconnu sa puissance. Il n'est pas sans intérêt d'examiner combien les deux pièces se font exactement pendant. Dans l'une, une mère honnête, un mauvais père, un oncle à l'avenant, enfin le vertueux Fressard; dans l'autre, une coquine de mère, un père honnête, un grand-père sévère, un Avertin peu scrupuleux; dans chaque pièce, un enfant naturel : fils dans la première, fille dans la seconde, avec amoureux assortis ; de plus, près d'Héloïse, une espèce de Tournas mâtiné d'Alphonse.

Je vous présente Me Avertin : « Un gaillard très retors... très-intéressé, cachant, de plus, sous une bonhomie apparente, une vanité très-facile à blesser... La chicane en personne, qui connaît le code sur le bout de son doigt, et qui le retourne dans tous les sens au profit de son client, quel qu'il soit. » — Le revirement du sieur est ainsi préparé pour dégager la situation, quand, sur une observation vive de Cavagniol, qui s'est permis de l'appeler « bavard, » il lâche ce malotru, passe à la partie adverse, tire son code chargé de surprises, et fait partir, dans les yeux des gredins, un feu d'artifice de ressources, à l'usage des honnêtes gens qui ne les soupçonnaient pas. La pièce gagne en hauteur à nous montrer de la sorte ce notaire, qui domine la situation, dominé lui-même par la loi, car on ne peut vraiment pas la croire aussi infâme que lui. Il va sans dire que l'Avertin tient la ficelle du dénoûment et qu'il la tire avec un à-propos tout à fait entendu.

Cet amour de la légalité devait être servi par une sobriété d'expressions et de mouvements voisine de la sécheresse, et donner aux personnages une certaine roideur automatique. Cependant, cette pièce d'*Héloïse Paranquet,* la plus strictement légale du théâtre contemporain, nous fournit comme une éclaircie de sentiment aménée avec adresse. Il est peu de scènes qui m'aient aussi profondément ému que celle où cette âpre Héloïse fond en larmes aux pieds de sa fille. Après s'être défendue d'avoir été élevée dans l'aversion et le mépris de sa mère, Camille s'écrie : « Pourquoi apportez-vous ce chagrin, ces larmes qui ne vont pas avec le doux nom de mère? Pourquoi trompez-vous la justice? Pourquoi ces ruses, ces menaces, ces vengeances, quand il était si simple de venir à moi et de me dire : « Camille, c'est moi qui suis ta mère; nous avons été séparées jusqu'à « présent, mais je reviens, je veux te voir, je t'aime » ? Est-ce que je vous aurais demandé ce que vous aviez fait? Est-ce que je suis votre juge, moi? Est-ce que j'ai le droit de condamner ou d'absoudre? Une mère et une fille se retrouvent; elles n'ont pas besoin de se dire un seul mot; elles n'ont qu'à se regarder, elles se jettent dans les bras l'une de l'autre, elles pleurent, et tout est expliqué. — *Héloïse :* Mon enfant ! — *Camille :* Maman ! Tu vois comme c'est simple ! il n'y a plus besoin de tribunaux, de procès... de référés... d'appels... que sais-je? On s'est embrassé, on est d'accord, tout est terminé. Adieu, messieurs les juges, on n'a plus besoin de vous. — *Héloïse* (la prenant dans ses bras avec une sorte de fureur et fondant en larmes) : Mon enfant! mon enfant, mon enfant! donnemoi tes mains... non, pas tes mains, tes petits pieds, que je les baise... » M. Dumas, qui, dans ses autres pièces, a manqué presque tous ses types de jeunes filles, et je n'en excepte pas cette touchante Camille, en cette occasion, a su pénétrer avec plus de sagacité les secrets d'un cœur virginal.

Quant à l'attendrissement subit de la mère coupable, on en a fait une faute de psychologie. Cette Héloïse, depuis sa première faute, soutenue seulement par l'indomptable fierté des coquines, cette femme dont le tempérament se maintient depuis dix-huit années à son plus haut diapason, dont les fibres sensibles demeurent, depuis dix-huit années, à leur maximum de tension, prise sans répit entre ce Cavagniol qui la bat, la société qui la boude et la justice qui la guette; cette mère enfin, venue tout armée de son droit et préparée aux attaques les plus lacératrices, est d'abord surprise en recevant un accueil filial et tout contraire à ses prévisions. Privée de toute affection, comment rejeter ce cœur curieux de la sienne? Comment ne pas être émue au son de cette voix harmonieuse, féconde en paroles de rédemption? Comment ne pas se détendre et s'abîmer en sanglots à la première rosée qui tombe sur son cœur? S'il se trouvait là des témoins, son orgueil l'emporterait; elle aurait honte de céder, de pleurer devant des méchants; mais seule, loin de Cavagniol, que Camille l'appelle *mère* ou Guy *Héloïse,* qu'elle entende une voix honnête lui parler sans rigueur, le caractère impassible qu'elle s'est fabriqué s'évanouira devant la créature primitive et d'instinct sensible.

En face de ces dénoûments, où nous voyons quelque pécheur passer enfin par le chemin de Damas, on se reporte à ce passage de la préface de la *Femme de Claude,* où l'auteur, se retournant vers l'Océan d'abominations qu'il a traversé, y voit bien plus d'imbéciles que de méchants, idée suprêmement consolante et que le poëte de la *Légende des siècles* a condensée dans ce vers ineffable :

Personne n'est méchant, et que de mal on fait!

Nous avons constaté de quelle façon la loi joue dans ces deux pièces son rôle d'Ἀνάγκη ; combien elle pèse formidablement sur ce garçon irréprochable à qui la société demande l'origine de son nom, et comme elle vient, en la personne du notaire, renverser l'échafaudage de ses légitimes ambitions. Pour *Héloïse Paranquet*, dont une exposition rapide abîmerait la trame irréductible, il faut la lire en entier si l'on veut apprécier la solidité de l'étreinte où se trouve saisi ce père honnête entre la ferme volonté qu'il a de reconnaître son enfant, et la loi, opposant, servant même les intérêts d'un gredin qui l'exploite et la torture pour se faire attribuer l'enfant faite, élevée, aimée par une autre, le père véritable.

Avant de quitter ces deux pièces, je me souviens qu'on avait parlé du *Fils naturel*, pour être repris à la Comédie-Française à la place du *Demi-Monde*. Malgré les beautés de la première œuvre, je comprends que le choix ait été en faveur du *Demi-Monde*, qui a plus d'unité. En effet, après avoir monté, pendant un prologue et deux actes, les sentiers raboteux du Drame, on est un peu surpris, avec le *Fils naturel*, de dévaler l'autre versant de la pièce par la grande route de la Comédie où le rire fait claquer son fouet.

Albert PINARD.

(*La suite au prochain numéro.*)

DEUX LETTRES INÉDITES DE COLLOT D'HERBOIS

COMÉDIEN.

N sait que, au xviiiᵉ siècle, les Comédiens-Français étaient constitués par l'Autorité en tribunal jugeant les contestations qui s'élevaient entre les directeurs des théâtres de province et leurs pensionnaires. Ces affaires se traitaient par lettres, et les Archives de la Comédie possèdent encore toute cette correspondance. C'est là que nous avons trouvé naguère une lettre bien curieuse d'un des personnages les plus célèbres de la Révolution, qui fut, avant 1792, auteur dramatique et comédien : auteur mauvais ; comédien, paraît-il, non sans valeur. A notre connaissance, Collot d'Herbois joua sur les théâtres de La Haye, de Bordeaux, de Lyon et de Rouen. Il donna, au théâtre de cette dernière ville, plusieurs petites pièces et à-propos dont l'intéressant ouvrage de M. Boutellier contient la liste ; l'une de ces bluettes, composée à l'occasion de la naissance du Dauphin, est intitulée : *la Fête Dauphine ou le Monument français*. Dans la lutte entamée contre les auteurs dramatiques par les directeurs des théâtres de province, au sujet de la consécration de la propriété littéraire, nous le trouvons dans le camp des directeurs, c'est-à-dire dans le parti rétrograde, et il est un des quatre auteurs (les trois autres sont Colin d'Harleville, Fabre d'Églantine et Desfaucherets) qui refusent d'entrer dans la coalition formée par leurs collègues. La plus connue, ou la moins oubliée, des pièces qu'il a écrites est *le Paysan Magistrat*, drame en cinq actes imité de *l'Alcade de Zalamea* de Calderon, représenté en 1789 et qui tomba. C'est à cette œuvre que se rapporte la seconde lettre reproduite plus bas et également retrouvée par nous aux Archives de la Comédie-Française.

Lorsque Collot d'Herbois écrivit la première, il était directeur du théâtre de Lyon. Il y consulte la Comédie au sujet de distributions. Les Comédiens-Français de 1787, sans souci pour cet autographe, qui devait devenir précieux, ont écrit le brouillon de la réponse en marge, parfois dans les interlignes et même en se servant, au moyen de renvois, de quelques phrases de la lettre. Avec le document nous en avons trouvé une copie, dans les mêmes conditions, qui ajoute d'utiles renseignements à l'original : le titre *Consultation* y est suivi des mots *de M. Dherbois, directeur de la troupe de Lyon* — ce que nous ignorions — et, à la fin de la réponse, il y a : *Fait et arrêté à l'Assemblée du 6 août 1787* (indication non moins utile, puisque la lettre n'est pas datée). — *Conformément à l'original, lesdits jour et an que dessus. Delaporte, secretaire.* Nous donnons textuellement l'autographe de Collot d'Herbois, et, en *italiques*, la réponse des Comédiens, comme elle est disposée dans la copie, et sans une omission qu'on y remarque.

CONSULTATION

Les acteurs de Province contractent ordinairement, pour tenir leurs emplois *en chef*, en *Partage*, ou ^{a}*l'alternative* a l'option des Directeurs

Quel est le sens et l'acception Directe de ces differentes clauses ?

il n'est pas difficile de determiner ce que cèst que tenir son emploi, *en chef* ou a *l'alternative*.

Mais quentend on positivement par *le Partage?* Puisque cette clause, est separée des deux autres, elle doit avoir une signification propre, qui ne leur soit pas commune nèst il pas naturel déntendre par le partage, une division des Rôles de lémploi dont une partie sera adjugée a chacun des partageants ? *Oui*

Cela serait mieux, mais la chose est impraticable si l'un des deux partageants s'y oppose. Le sort doit indiquer celui qui choisira le premier; le second prendra ensuite, et rôle a rôle alternativement jusques a la fin de l'emploi; et, s'il y avoit des rôles qui fussent convenables, le directeur peut faire commencer ce choix par les pieces au courant du répertoire de la ville dans laquelle il est.

comment pour lavantage commun, devra se faire cette division. nèst ce pas dabord en consultant les convenances de lâge, du Phisique, et des qualités theâtrales de chaque partageant?

et sil y avait des rôles, qui soient convenables aux uns comme aux autres. nèst ce pas le sort, ou le choix fait tour a tour dun Rôle, par chacun des interessés, qui devrait accomplir ce partage.

Les contestations a cet egard ne devraient telles pas dailleurs etre portees aux superieurs immediats du spectacle qui devraient regler cet objet qui nèst aucunement du Ressort des tribunaux civils.

Messieurs et Dames, Les Pensionnaires du Roi, de La Comedie francaise assemblée, sont instamment priés de voulloir bien donner leur decision sur touts les points ci dessus soumis à leur Deliberation par

Leur très humble et obeissant serviteur

DHERBOIS

Voici maintenant la lettre relative au *Paysan magistrat*. Nous reproduisons le protocole et la signature en fac-simile :

Messieurs

Le Paysan magistrat nà pas un grand succès, si jen pouvois doutter, la Recette dhier suffiroit pour mén convaincre. quelque soit son sort, il seroit bien inutile de sén tourmenter, car sil y a quatre pages ecrittes dans le Livre des destinées pour la chûte des empires; il y a une demi ligne pour la chûte d'une piece en cinq actes, et tous les efforts de lauteur, et des acteurs, ne peuvent y rien changer.

Cependant semblable a ces jeunes filles qui ont perdu ce quelles ne peuvent plus rattraper, et qui vont ruminant avec douleur, mais non pas tout a fait sans une sorte de plaisir, les petits dètails de leur accident, je me suis dit a moi même; comment cela est til arrivé?

Alors'je me suis rappellé que la piece avoit été convoitée par touts les theâtres de Paris, q'un de ces theâtres abregeant toutte ceremonie, sén étoit emparé, doù il advint de votre part une reclamation pareille a celle que vous faittes aujourdhuy pour L'honnête criminel; je me suis rappellé que ce theâtre usurpateur mavoit tout nouvellement présenté de grands avantages, pour que jalienes ma piece du theâtre françois, et je me suis applaudi, malgré mes disgraces, dêtre resté fidele a mes principes et a mes bonnes intentions

un peu d'amour propre peut être, m'a fait conclurré que si le Paysan magistrat avoit pu echapper a tout ce qui lui a été contraire, il auroit eû un succès plus marqué. et je me suis demandé, Pourquoi je me trouvois victime des circonstances?

Depuis que je suis a Paris, je nai temoigné aucune impatience dêtre joué, j'attendois mon tour; Les representants de la Comedie croyants me servir, et mûs par le zéle dune vraie amitié a laquelle je rends pleine justice, ont mis ma piece à Letude : jai temoigné des craintes jai dit que le moment etoit peu favorable. jai même voulu composer avec dautres acteurs. on mà dit de laisser faire; jai laissé faire, jai vu casser mon pot au lait, et comme La jeune fille, je dis en soupirant, ce nèst pas ma fautte.

il est possible neanmoins que dautres circonstances attirent a la piece plus de faveur. elle est dun genre qui a beaucoup de partisans. et il seroit peut être avantageux a la comedie de faire pour cela quelques tentatives.

jai scu quelles etoient hier les bonnes intentions de la comedie, si la piece fut tombée dans les regles et je lui presentes mes vives actions de grâces.

Mais je dirai franchement quil y auroit un grand inconvenient, a eluder les reglements en faveur de qui que ce soit, fut ce un motif damitié, de generosité, ou même de justice qui en dictât la resolution.

d'un autre côté je crois quil seroit facheux pour La comedie dans ce moment ci, quon put citer un auteur qui ayant bataillé avec touts les theâtres pour conserver au theâtre francois la jouissance de son ouvrage qui sétant abandonné avec une pleine confiance aux resolutions de la comedie, ne retirat absolument aucun prix de cette confiance ni de sa proprieté dramatique

je ne vois donc, Messieurs, dautre moyen de concilier ceci, que de faire un arrangement particulier: La comedie en reglera les conditions que je souscris davance je fais seulement les plus vives instances, pour quelle nomme des personnes avec qui je puisse conclurre definitivement et le plutot possible. Je demanderois encore que les conditions de cet arrangement, et larrangement lui même soient ignorés du public

Jai Lhonneur detre avec une considération profonde et respectueuse

Votre très humble et très obeissant serviteur

Collet Dherbois

Paris le 14 Xbre 1784

BIBLIOGRAPHIE.

XVIIIe SIÈCLE. INSTITUTIONS, USAGES ET COSTUMES. — *France 1700-1789.* — Ouvrage illustré de *vingt-une chromolithographies et de 35o gravures sur bois*, d'après Watteau, Vanloo, Rigaud, Boucher, Lancret, J. Vernet, Chardin, Jeaurat, Bouchardon, Saint-Aubin, Eisen, Gravelot, Moreau, Cochin, Wille, Debucourt, etc., par M. PAUL LACROIX *(bibliophile Jacob).* Paris, *Firmin-Didot,* 1875. Un in-4° de 53o pages.

Cet ouvrage d'un de nos collaborateurs nous appartient par un de ses chapitres intitulé *les Théâtres.*

M. Paul Lacroix est un des écrivains qui savent allier un savoir immense à l'art

Poisson en habit de paysan.

Monvel dans le rôle de *Memnon.*

de le faire passer dans l'esprit des lecteurs sans ennui pour eux. C'est ce qui a engagé MM. Didot à lui confier la rédaction de la série de volumes qu'ils publient,

Représentation de *la Princesse de Navarre*, à la Cour.

depuis quelques années, sur les mœurs des Français aux différentes époques de notre histoire. Après le moyen âge et la Renaissance, M. Lacroix s'est donc occupé du xviiie siècle. Le présent ouvrage est conçu dans les mêmes données que les précédents : les gravures qui l'accompagnent ne sont pas de banales illustrations dues à la pointe d'artistes contemporains qui, si minutieuses que fussent leurs recherches, ne pourraient arriver à reproduire l'exacte et intense réalité d'allures et de formes disparues, et qui apporteraient toujours, dans leurs restitutions, la manière de voir de l'homme du xixe siècle : ce sont des reproductions d'anciennes estampes qui retracent, comme il est dit avec sens dans la préface du livre, dans toute sa vérité, avec la vivacité des impressions contemporaines, l'image vivante et fidèle de l'époque. Excellent système dont les éditeurs ne devraient jamais se départir.

C'est ainsi que, au lieu de scènes de fantaisies et de réminiscences à peu près, le chapitre *les Théâtres* nous présente, à l'appui du texte et d'après des gravures du temps, une représentation de la Princesse de Navarre à Versailles; une coupe sur toute la hauteur et largeur du théâtre de l'Opéra construit au Palais-Royal par Moreau, d'après les dessins de Radel, machiniste de l'Académie royale de musique; les portraits des acteurs de la Comédie-Italienne d'après Lancret; un jardinier, un capitaine, un chasseur, Junon, un Roi et une Heure de la nuit, tirés des *nouveaux dessins d'habillemens à l'usage des ballets, opéras et comédies,* par Gillot; Dumirail et Poisson en habit de paysan, d'après Watteau; le portrait de Mlle Clairon, d'après Schénau; la scène du *Glorieux* de Destouches, d'après Lancret (toutefois la légende contient une erreur; elle dit : « L'acteur placé au milieu est Grandval, chargé du rôle du Glorieux. » Or l'acteur du milieu est bien Grandval; mais le Glorieux est l'acteur de gauche, qui n'est autre que le célèbre Quinault-Dufresne, ainsi que je l'ai expliqué dans une note de l'édition de la *Lettre du souffleur de la Comédie de Rouen,* par Du Mas d'Aigueberre). Viennent ensuite un des portraits les moins connus de Lekain, dans *Mérope,* d'après Huguier; le costume d'Idamé, dans *l'Orphelin de la Chine,* d'après Sarrazin, costumier, et Leclerc, dessinateur; les costumes de Mme Vestris et de Monvel, dans les rôles d'Irène et de Memnon, dessinés à la Comédie-Française et communiqués à Moreau pour son dessin du couronnement du buste de Voltaire; la sortie de l'Opéra, d'après Moreau; le portrait de Mlle Sallé, la danseuse, d'après Lancret; le pas de deux de Dauberval et de Mlle Allard dans l'opéra de *Sylvie,* d'après Carmontelle; des costumes de Neptune et d'Africain dans *Aline, reine de Golconde,* d'après Martin; des costumes de ballets, d'après le même; une scène, jouée *en écriteaux, d'Arlequin, roi de Sérendib,* d'après Bonnart; la salle et la scène des Variétés amusantes (aujourd'hui du Théâtre-Français) en 1789, d'après une estampe de l'époque; enfin, Volange dans son fameux rôle de Jeannot de *les Battus payent l'amende,* d'après Wille fils.

Le texte de M. Paul Lacroix et l'exécution typographique de l'ouvrage sont à la hauteur de l'intérêt qu'excitent ces belles reproductions, faites sous la surveillance de M. Racinet et dont MM. Didot nous ont mis à même de donner un échantillon à nos lecteurs.   J. B.

ŒUVRES COMPLÈTES DE REGNARD, nouvelle édition augmentée de deux pièces inédites, précédée d'une *introduction* d'après des documents entièrement nouveaux, par M. Édouard Fournier, ornée de portraits en pied coloriés, dessinés par MM. Émile Bayard et Maurice Sand, et d'un fac-simile de l'écriture de l'auteur. Paris, Laplace et Sanchez, 1875. Un gr. in-8° de lxxxiii-560 pages.

N'est-il pas étrange que la vie de Regnard soit si peu connue? disait, en 1859, un panégyriste du grand poëte comique. Cette lacune n'existe plus. Lorsque notre collaborateur M. Édouard Fournier entreprend d'éclaircir un point d'histoire littéraire, il n'y a guère de nuages qui résistent à sa science et à sa pénétration. Personne, mieux que lui, ne sait dégager de nouvelles notions de celles que l'histoire nous a transmises; nul n'est plus ardent à exhumer des dépôts publics ou privés les trésors inconnus qu'ils recèlent, et, combinant le tout, à restituer son *sujet* dans sa vérité individuelle et dans le milieu où il a vécu. S'il se complaît dans les détails, il ne s'y absorbe pas, et, pour s'intéresser très-vivement aux nuances de la figure, il ne laisse point d'en considérer l'ensemble et d'en bien marquer les traits généraux. L'importante étude qui précède les *Œuvres complètes de Regnard*, comme toutes celles qu'on doit à la plume de notre éminent confrère, n'accuse pas moins un lettré qu'un érudit. Outre des renseignements nouveaux sur la famille de l'auteur du *Légataire*, sur sa vie si accidentée, ses voyages, ses amitiés, l'élaboration de ses pièces, et sur sa fin, toutes indications dans lesquelles il s'est aidé de documents inédits et surtout des précieux registres d'assemblées de la Comédie-Française, retrouvés, soit dit en passant, par nous et non par nos amis (avis pour la seconde édition); — indépendamment de ces curieuses révélations, M. Édouard Fournier parle mainte fois des comédies de Regnard en juge fin, rompu — qui ne le sait, d'ailleurs? — aux difficultés de la critique et de l'œuvre dramatique, et dans ce style alerte et nerveux, sobre et pittoresque dont il gratifie, chaque semaine, les lecteurs de la *Patrie*, qui ne méritent pas si bien.

Inutile d'insister sur la beauté de l'exécution de ce volume, analogue à ceux que MM. Laplace et Sanchez publient, tous les ans, à pareille époque.

J. B.

QUINZAINE DRAMATIQUE.

THÉATRE DE LA GAITÉ. — *La Haine,* drame en cinq actes en huit tableaux, par M. Victorien Sardou. (Prem. représ. 3 déc.).

ODÉON. — *La Maîtresse légitime,* comédie en quatre actes de M. L. Poupart-Davyl. (Prem. représ. 6 déc.).

Le grand événement dramatique de la quinzaine, c'est, au théâtre de la Gaité, la représentation, si longtemps attendue, de *la Haine*. Le drame de M. Sardou, bien supérieur à la plupart des productions courantes, est cependant inférieur à *Patrie*. Il n'en a ni l'élan, ni le souffle, ni la clarté. C'est un tableau volontairement lugubre des horreurs de la guerre civile. Cette sanglante chronique siennoise a été écrite, on le sent, comme à la lueur des derniers événements. On y perçoit l'écho de nos malheurs et de nos discordes. En ce sens, *la Haine* est une œuvre virile et louable. Ce qui y manque le plus, chose extraordinaire dans une pièce de M. Sardou, c'est le mouvement, c'est la vie. Les personnages s'y meuvent comme à l'état de fantômes, dans un cimetière très-peuplé, très-bruyant, mais cependant très-morne.

Nous sommes à Sienne. Les Guelfes, commandés par Orso, un homme du peuple, assiégent la ville, que défend, avec ses deux autres frères, Giugurta Saracini, consul de la cité et chef des Gibelins. Les soldats étant repoussés, Giugurta fait appel aux bourgeois qui, derrière le gonfalonier, vont aux remparts défendre la ville. Les femmes, muettes, assistent, du haut des murailles, à ce défilé qui sent déjà la défaite. On entend au loin les bombardes qui grondent et dont les coups se rapprochent. Des charretées de morts entrent dans la ville. Les marchands qui, tout à l'heure, causant, discutant, personnifiaient l'Italie divisée, morcelée, Pisans, Lucquois, Bolonais, Florentins, tous ont fui. Les Gibelins rentrent en désordre. Ils sont repoussés; la porte qu'ils défendaient est prise. Les Guelfes sont dans la ville : les voici. Ils se glissent d'abord prudemment le long des murailles, l'arbalète en main, puis ils s'enhardissent, couronnent les remparts, envahissent la place. Sienne est à eux !

Non, car pour arriver jusqu'au château, il faut emporter le palais des Saracini, et la porte de fer en est close. Orso, le chef des Guelfes, heurte au logis. Une fenêtre s'ouvre. A la fenêtre, une femme paraît, vêtue de blanc : c'est la sœur des Saracini, l'altière Cordélia, celle qui a souffleté Orso, devant tout le peuple, des fleurs que l'imprudent lui venait offrir. Elle regarde avec mépris ces cardeurs de laine et ces drapiers qui viennent de repousser des gentilshommes, et, comme elle refuse de leur livrer passage, ils se ruent sur le palais, l'emportent, le saccagent, et Orso s'empare, comme d'une proie, de Cordélia évanouie. Dans le combat, la vieille Uberta, la nourrice des Saracini, a perdu son fils, un enfant, Andréino, tué par Orso.

C'est là le premier tableau, le plus saisissant du drame, le plus mouvementé, et celui qui caractérise le mieux la manière de l'auteur. Qu'est-ce que cette exposition? Une pantomime admirable; mais on ne saurait rêver une reconstruction plus complète d'un temps disparu. On dirait un tableau d'un des peintres *primitifs* de l'école d'Ombrie prenant soudain vie et mouvement.

Cordélia a été outragée par Orso. Elle ne connaît rien du misérable que sa voix; mais, dès qu'elle l'entend, elle devine que c'est lui qui l'a déshonorée. Presque en même temps, Uberta apprend que le meurtrier de son enfant, c'est Orso. Une lutte s'engage entre ces deux femmes, la jeune fille et la mère. Laquelle des deux tuera Orso? Ce sera Cordélia. Au moment où il prie, agenouillé avant la bataille, elle le frappe de son poignard. On l'emporte. Assoifées de haine, Cordélia et Uberta reviennent chercher le cadavre d'Orso parmi les morts. C'est Cordélia qui le trouve. On se rappelle involontairement cette scène, en voyant « ce champ plein de morts sur qui tombe la nuit », le dernier tableau du *Catilina* d'Alexandre Dumas, la vestale Marcia, violée par Catilina, comme Cordélia par Orso, et retrouvant son séducteur sur un monceau de cadavres, au milieu du champ de bataille de Pistoïe. Mais cette scène terminait le drame dans l'œuvre de Dumas; dans *la Haine*, elle le continue, elle le retourne, pour ainsi dire, sur lui-même. Cordélia, qui tout à l'heure voulait poignarder encore Orso, frisonne à son gémissement, lui apporte de l'eau et le sauve. Elle le sauve si bien qu'elle le transporte dans son palais et que, pour que Giugurta, son frère, ne l'y trouve point, elle fait évader, avec la complicité d'Uberta, le Guelfe promis à la mort par un passage dangereux, ce qui est infâme. Encore pourra-t-on me dire que la haine devenue de l'amour n'admet pas les demi-sacrifices. Ce qui est vrai pour l'amante ne l'est pas, du moins, pour la mère. Jamais une Uberta ne consentira, quoi que nous montre M. Sardou, à protéger les jours du meurtrier de son fils.

Une scène pleine de souffle a fait disparaître la mauvaise impression de ce sauvetage impie. Orso, pour conquérir l'amour de Cordélia, jure qu'il fera cesser le carnage dans Sienne; il adjure ses concitoyens de mettre en liberté les Gibelins prisonniers et, le peuple de Sienne ne formant plus qu'une armée, de courir sus tous ensemble, Gibelins et Guelfes, à l'empereur d'Allemagne, qui menace la ville et lui demande rançon. La scène est belle, éloquente, patriotique. Nous voilà, du moins, loin de *Rabagas*. Mais elle n'emporte pas le public aussi haut que l'auteur l'eût espéré, parce qu'il incarne le patriotisme dans un être qu'il a rendu antipathique dès ses premiers pas. Est-ce pour sa patrie, d'ailleurs, qu'Orso devient si généreux? Non, c'est pour Cordélia. Giugurta se charge de faire justice de cet amour né du crime. Il suit Cordélia jusque dans l'église et là, sa sœur s'évanouissant au moment où il va la poignarder, il préfère l'empoisonner, ne voulant pas verser le sang dans un lieu consacré. La foule arrive; on trouve Cordélia mourante. « C'est la peste ! » Orso s'avance vers son amante, il la prend dans ses bras. Quand il veut l'emporter, un cercle de fer l'entoure. Les épées sont tirées. Pestiféré, ayant touché une pestiférée, il mourra avec elle, dans l'église, fermée désormais. En vain Orso veut-il essayer de sauver cette femme; les lourdes portes se referment avec un son funèbre, et l'agonie commence pour les deux êtres ensevelis dans ce vaste tombeau. L'effet de ce dénoûment a été froid, et cependant rien n'est plus saisissant, et cette simplicité n'est point sans grandeur. Mais, encore une fois, tout cela est funèbre. Le drame s'agite dans un *campo santo*. Malgré la splendeur de la mise en scène, une impression, non pas de tristesse, mais d'ennui, se dégage de cette œuvre, que je regarderais pourtant comme magistrale, si elle avait cette vertu suprême, sans laquelle toutes les qualités d'artiste, de metteur en scène, de curieux, d'érudit, ne sont rien au bout de quelques années, *le style*. Le style y est ou trop tendu ou insuffisant : j'en pourrais citer plus d'un exemple. Et pourtant c'est là un spectacle digne d'une certaine admiration. M. Sardou a mis, dans l'encadrement de cette sombre chronique, si bien colorée de la teinte du temps, toute sa science et tout son goût. M. Offenbach, dont la musique militaire et religieuse donne tour à tour un accent très-imposant et très-mâle à ces scènes vigoureuses, a aussi bien fait les choses comme directeur que comme compositeur. Les décors sont superbes; les armures, les chasubles, les hallebardes, les châsses, les crosses, les mitres sont dignes de figurer dans un musée rétrospectif. Tout est exact et juste; c'est de la résurrection. Le décor lumineux des ruines où siége le tribunal du peuple, la ruelle où dorment les morts sous les étoiles ironiques, l'intérieur froid et superbe de la cathédrale de Sienne, avec sa chaire de marbre et ses vitraux, sont de véritables œuvres d'art.

Les acteurs ont bien joué. Mlle Lia Félix a trouvé des notes déchirantes pour rendre le désespoir de Cordélia. Jamais Gibeline outragée ne poussa des cris plus terribles et plus poignants. Cette digne sœur de Rachel a doublé son succès éclatant de *Jeanne d'Arc*. Mme Laurent est très-belle de désespoir accablé dans ce rôle d'Uberta. Elle a surtout un mouvement de haine farouche, lorsqu'elle dit à Cordélia, en parlant du cadavre d'Orso : Viens le voir ! M. Lafontaine a des élans superbes dans Orso. Il a été acclamé ! Et quel profil admirable que celui de M. Clément Just! Il est à peindre, avec sa cotte de mailles et son armure noire. Il a été admirable, et je le vois encore, debout sur les marches de l'autel, effeuillant le bouquet de roses blanches sur le corps de sa sœur qu'il vient d'empoisonner. C'est le justicier impitoyable et sans remords.

Le drame de M. Sardou ira loin, malgré sa couleur monotone; tout le monde voudra et devra l'avoir vu.

La comédie nouvelle de M. Poupart-Davyl, à l'Odéon, ira loin aussi, sans décors et sans luxe de mise en scène. M. Poupart-Davyl est un des auteurs du *Gascon*, et on va représenter de lui, à Bruxelles, une pièce interdite à Paris, *les Derniers Gentilshommes*. Ce n'est pas un tout jeune homme, mais c'est un homme jeune, bien vivant et qui vient d'écrire une alerte comédie, pleine d'esprit facile, avec une pointe de sentiment à la Mürger. *La Maîtresse légitime*, c'est l'histoire d'un jeune chef d'usine, André Dalesmes, qui vit, depuis dix ans, avec une femme abandonnée de son mari et à qui on veut, pour le remettre en selle, faire épouser la fille d'un homme d'affaires, Mlle Geneviève Boulmier. Et il s'y résigne, et Marthe, sa maîtresse, s'éloigne, et le sacrifice s'accomplirait si Jean Duluc, un poëte, ne se trouvait là pour raconter la vérité à Geneviève, rendre Marthe à André, et rendre heureux tout ce qui s'aime. Il en est récompensé par la main de Geneviève, et tout finit le mieux du monde.

La pièce est peu de chose, mais les *mots*, l'esprit, l'émotion, voilà ce qui en fait le prix. C'est un grand succès. L'Odéon a trouvé là quelque chose comme *les Inutiles*. M. Porel est charmant dans le rôle de Duluc. Il a une verve ironique et beaucoup de justesse dans la note émue. M. Richard a de l'entrain, une rudesse bonhomme et sa voix porte bien. M. Masset a joué le personnage d'André avec chaleur. Tout cela a échauffé et entraîné la salle. Un comédien de second plan, M. Fréville, a dessiné admirablement une silhouette de Prudhomme doctrinaire. Les femmes aussi ont leur large part du succès. A-t-on plus de grâce et de distinction juvénile que Mlle Baretta ? C'est la meilleure peut-être des *ingénues* de Paris. Mlle Léonide Leblanc est en grand progrès. Sa voix métallique, plutôt faite pour la comédie que pour le drame, ne l'a pas desservie dans ce rôle de Marthe, qu'elle a composé avec soin. Mlle Clotilde Colas apparaît, raisonne courses et chevaux et disparaît, mais elle est excellente, mordante et gaie dans ce rôle de *sportwoman*. Mlle Colas, très parisienne dans *la Maîtresse légi-time*, est une vraie soubrette de Molière, dont la place est marquée dans la maison où Molière loge ses joyeuses servantes.

La Maîtresse légitime, succès incontestable pour M. Poupart-Davyl, en est un aussi pour M. Duquesnel, qui peut voir par là qu'on peut réussir, à l'Odéon, sans orage, sans décors à paillettes et sans meute de chiens. Un hallali est une belle chose ; une pointe d'esprit et une larme valent mieux encore et coûtent moins cher.

JULES CLARETIE.

CONFÉRENCES DU BOULEVARD DES CAPUCINES. — *Le Feuilleton parlé*. — M. H. de Lapommeraye.

Sous le titre de *la Semaine dramatique,* un de nos confrères a commencé, à la salle des Conférences du boulevard des Capucines, une série de feuilletons du lundi *parlés*. Pour tenter l'entreprise, dont plus d'un, probablement, avait eu l'idée sans la mettre à exécution, il fallait un homme qui, déjà, possédât un certain nom dans le monde des lettres et qui eût l'oreille du public. M. H. de Lapommeraye réunissait ces condi-tions ; de plus, au commencement de la saison des conférences, il n'occupait aucun rez-de-chaussée de journal : il a donc trouvé le moment propice pour inaugurer le feuilleton parlé. Le public et la presse ont fort encouragé le conférencier.

Tout le monde a entendu M. de Lapommeraye, qui n'est point chiche de sa parole, et qui est bien accueilli de tous les auditoires. On connaît cette diction abondante, cette voix pleine, ce geste d'avocat content de ses mains et qui relève les manches de sa toge ; il ne s'arrête jamais court, parle, lit, cause, prend volontiers ses auditeurs par le compliment, les accords plaqués et la teinture poétique ; malgré son allure de corsaire byronien, on est sûr qu'il n'effarouche et n'effarouchera pas les oreilles les plus susceptibles. Il s'adresse, d'ailleurs, au boulevard des Capucines, à un public qu'on peut traiter avec moins de ménagements que celui des Matinées, où l'on n'est pas entre grandes personnes. Le critique pourrait donc exprimer hardiment sa pensée sur les hommes et les choses, ne pas être trop indulgent pour la morale de convention, et, sans boire l'encrier au lieu du verre d'eau sucrée, n'avoir pas trop de paroles douces pour ceux qu'il doit juger. Ce ton de convenance, dont il ne saurait se départir, et une liberté d'appréciation aussi large que celle du feuilleton écrit seront ses véritables élé-ments de succès. Ce sera rendre service à ceux qui suivront ses leçons, de les édifier sincèrement sur la valeur des œuvres nouvelles, comme aux auteurs eux-mêmes, dont il instruira les causes « pièces en main » selon sa spirituelle expression, et qui pourront profiter de ses critiques.

M. Sarcey a déjà donné deux leçons sur la *Théorique du Théâtre*. Ce sont des études fort abstraites, mais l'orateur sait rendre les dernières parties de son sujet tangibles par des exemples usuels et des rapprochements ingénieux. On ne perd rien à entendre, à côté de M. de Lapommeraye, qui traite surtout des choses pratiques du théâtre, un de ses confrères les plus écoutés qui s'occupe principalement de la théorie.

L'ancien directeur de *la Renaissance,* M. Émile Blémont, rédacteur du *Rappel*, a parlé en poëte et en critique du *Tragaldabas* de M. Auguste Vacquerie. C'était le soir où l'Odéon donnait la première de *la Maîtresse légitime*. Le succès facile qu'a obtenu cette pièce fait songer aux destins capricieux des œuvres théâtrales. Après vingt-cinq ans, *Tragaldabas* recueille des applaudissements tardifs et fait un certain bruit dans le monde malgré les sifflets dont il fut salué jadis ; dans vingt-cinq ans, qui se souviendra de *la Maîtresse légitime*, si applaudie à son premier jour?

Albert PINARD.

MATINÉES LITTÉRAIRES DE LA PORTE-SAINT-MARTIN. Nous n'aurons pas encore aujourd'hui à parler des nouveautés que nous avaient promises les affiches de M. Ballande. La représentation de *Une Famille en* 1870-71 a été remplacée par celle des *Femmes savantes*. Le dimanche précédent, M. Deschanel, à propos d'*Athalie*, avait plaidé, avec une verve spirituelle, sa thèse d'éclectisme entre les *romantiques* et les *classiques*. Peut-être prendrait-on moins d'intérêt à l'examen pacifique de ces querelles oubliées si le conférencier n'assaisonnait sa causerie de pointes qui, pour être fines, n'en sont que plus pénétrantes sur les choses et les hommes du jour. Joad, aujourd'hui, impuissant à relever un Joas qui vieillit en attendant sous l'orme, fulmine contre la Révolution ; ce n'est plus le pectoral diamanté qu'il porte sur la poitrine, c'est le *Syllabus*.

M. Maubant avait prêté son concours à cette matinée. Il a rendu avec une puissance saisissante les colères, les indignations, les ferveurs inspirées d'un fanatique ambitieux ; la salle transportée a salué d'une double salve d'applaudissements la prophétie de Jérusalem délivrée.

Secondé suffisamment par un de ses camarades de la Comédie-Française, M. Martel (Abner), l'excellent comédien, avait, pour lui donner la réplique, une Athalie à laquelle Mlle Karoly n'a pas donné le grand caractère tracé par le poëte. Une fois encore nous trouvons regrettable de voir une actrice ayant, autant qu'elle, l'habitude du vers, manger des hémistiches entiers. On oublierait sa voix sourde si, du moins, elle n'en aggravait pas encore la pesanteur.

Le dimanche suivant, M. Dupré, professeur au lycée Louis-le-Grand, a fait une longue étude des *Femmes savantes,* qu'il semblait avoir transportée de sa chaire professorale sur la table du conférencier. Il a dû sentir l'inconvénient de se trop défier de l'improvisation, qui échauffe le cerveau, et lui fait parfois produire des choses neuves et inattendues. C'est surtout devant ce public indulgent des matinées, qui applaudit M. Sarcey quand il perd complétement le fil, qu'un orateur peut se permettre d'essayer l'envergure de ses facultés oratoires.

M. Joliet, de la Comédie-Française, a bien donné au bourgeois Chrysale son air bonhomme, mais il me semble qu'il a tenu un peu dans l'effacement le côté volontaire et têtu de son tempérament. Les rôles de femmes étaient distribués de façon à rendre assez douce la tâche de l'embrasseur Vadius... La brune Philaminte, en robe à devant rouge, avait une triomphante allure de femme savante qui porte des bas bleus, mais des bas bleus bien tirés. Mme Alexis, amusante en vieille fille, avec des gestes un peu trop uniformes, et M. Malard, toujours drôle, mais chargeant le rôle de Trissotin qui ne doit pas être sans distinction dans sa pédanterie, ont été applaudis justement.

·ALBERT PINARD.

THÉATRE DÉJAZET. — *La Comète à Paris,* revue en trois actes et quatorze tableaux, par MM. Monréal et Blondeau. (Prem. représ. 5 déc.).

Nous sommes arrivés à une époque de l'année qui doit donner bien du tintouin à feu Aristophane, de satirique mémoire. Son antique renommée se voit, au commencement de chaque hiver, menacée par des rivaux avides et jaloux. Ceux-ci, dans des couplets où l'esprit pétille et déborde, stigmatisent les vices et les ridicules de notre temps, ont des phrases mielleuses pour ce qui mérite de rester dans la mémoire des hommes, et procurent à des artistes toujours jolies, l'occasion, trop rare sur nos théâtres, de montrer des jambes toujours bien faites. *Déjazet* et les Folies-Marigny, le même soir et à la même heure, ont cinglé nos traîtres de Parisiens, qui sont rentrés, le soir, corrigés et meurtris. A Déjazet, presque tout le monde a eu, comme on dit vulgairement, son paquet. MM. Blondeau et Monréal, philosophes implacables et austères, comme on sait, ont impitoyablement bafoué les astronomes mal informés, l'exposition des insectes et le centenaire de Pétrarque. Il faut avouer que cette dernière critique est bien placée sous la plume des auteurs de *la Comète à Paris!* Dans cette pièce, pour laquelle je ne voudrais avoir que des mots remplis de tendresse, je ne puis néanmoins m'empêcher de blâmer l'apparition intempestive du chauvinisme. Le défilé des gamins mal habillés et malpropres de la place du Château-d'eau, et auxquels on a donné des fusils plus grands qu'eux, frise le ridicule. Je me retiens pour ne pas qualifier plus sévèrement encore les vers chantés par l'actrice qui représente la Ville de Paris. Toutes ces choses sont déplorables quand elles sont exhibées sur des planches petites ou grandes. De même que les auteurs, nous formons tous des vœux patriotiques, mais ce sont là des pensées graves et sacrées qu'il ne faut pas exposer à subir la raillerie. Ces réserves faites, la revue de *Déjazet* est amusante, habilement faite, bien montée et jouée de même.

THÉATRE DES FOLIES-MARIGNY. — *As-tu vu Vénus?* revue en 3 actes et 15 tableaux, par MM. Guénée et Gabet. (Prem. représ. 5 déc.).

As-tu vu Vénus? Tel est le titre de la Revue donnée sur le théâtre des Folies-Marigny. Le public de l'endroit a pu voir tout à son aise les prêtresses peu farouches de ladite déesse, car elles ne lui ont rien caché... bien au contraire. Les spectateurs qui ne craindront pas de s'égarer aux Champs-Élysées remarqueront avec plaisir que la décence et l'esprit sont toujours de tradition dans le répertoire de nos petites scènes parisiennes.

LE CHEVALIER DE MOUHY.

THÉATRES LYRIQUES. — MM. Vergnet et Manoury ont continué leurs débuts dans *Faust.* Le premier y a été moins heureux que dans *Robert-le-Diable.* Dans Raimbaud, il avait été presqu'un maître ; dans le docteur — à l'école. — il n'a été guère qu'un élève. M. Vergnet a manqué notamment l'air : *Salut, demeure chaste et pure,* le morceau capital du rôle, mais il a donné au troisième acte de très-belles notes qui ont prouvé qu'il réussirait mieux peut-être dans les ténors de force que dans ceux qui demandent la grâce et le charme, qualités d'ailleurs refusées complétement par la nature à son extérieur.

M. Manoury a été plus heureux. Ç'a été un Valentin très-convenable ; mais il était inutile de le redemander comme la claque l'a fait après le troisième acte. Ce n'est pas pour des essais, même ceux qui promettent, qu'il faut vulgariser les ovations. Mlle Fouquet n'est décidément pas de force à chanter Marguerite. La représentation, en définitive, a été médiocre, sauf M. Gailhard, toujours excellent dans Méphistophélès, et Mlle Arnaud, un Siebel à qui on jetterait volontiers plus de bouquets qu'il n'en fane.

Trois jours à peine après le double début de MM. Manoury et Vergnet, Mme Fursch-Madier, qui s'était signalée dans *les Parias,* à l'Opéra populaire du Châtelet, s'improvisait, à l'Opéra-Ventadour, la Marguerite de *Faust.* Le charme et la distinction n'existent pas malheureusement chez Mme Fursch-Madier au niveau de la puissance de la voix et du style dans l'exécution, mais la débutante a chanté l'air des bijoux avec une habileté et un fini qu'on n'aurait pas attendus d'un instrument un peu rude ; elle a dit l'ensemble du rôle avec un soin et un goût remarquables, ne laissant pas perdre un mot des paroles, ce qui est très-rare chez une cantatrice, et le trio final *Ange pur, ange radieux,* lui a valu des applaudissements et une ovation contre laquelle personne n'a tenté de protester. Mme Fursch-Madier est à coup sûr la meilleure Marguerite que nous ayons entendue à l'Opéra depuis Mlle Fidès-Devriès, à part Mme Adelina Patti, une organisation exceptionnelle qu'on ne peut faire entrer en comparaison avec personne dans ses succès comme pour ses erreurs. Mme Fursch-Madier n'est pas tout à fait une fortune, mais peut-être une véritable ressource pour l'Opéra.

M. Vergnet a paru se raffermir dans le rôle de Faust, à cette nouvelle épreuve.

Nous avons retrouvé Mme Fursch-Madier au concert populaire où elle a prêté un excellent concours à l'exécution de l'oratorio d'*Élie* de Mendelssohn, que M. Pasdeloup fait connaître aux Parisiens. L'auteur si populaire du *Songe d'une nuit d'été* n'a pas su échapper au défaut habituel des oratorios, la monotonie. L'effet général a été froid, malgré la volonté évidente du public de prouver qu'il aime ce qu'on appelle la musique savante. Un air d'Abdias, très-bien chanté par M. Bosquin, un très-beau chœur, *Dieu reste sourd à nos cris,* la scène de la veuve de Sarepta, dite avec une grande expression par Mme Fursch-Madier, un chœur des prêtres de Baal d'un beau caractère, dans la première partie ; dans la seconde, un air d'*Elie,* d'un sentiment touchant : *Ah! c'en est fait, Seigneur, retire-moi du monde,* un trio d'anges très-suave et que le public a bissé, un accompagnement très-original sur le chœur : *Et sur son passage l'ouragan souffle,* enfin le quatuor qui précède le final: *Venez, vous qui cherchez celui qui désaltère* ont, en partie, rompu cette glace. *Elie* n'ajoutera pas à la gloire de Mendelssohn, mais sera porté certainement à l'actif de M. Pasdeloup pour le soin qu'il prend de nous faire connaître les maîtres harmonistes et de nous ramener à la forme la plus élevée de l'art. On s'est amusé, en fait de musique, de façon si étrange et à la longue si écœurante, qu'on en viendrait presque à considérer comme un plaisir de s'ennuyer un peu dignement.

Les concerts donnés par M. Colonne, au théâtre du Châtelet, sont également dirigés dans cette voie sérieuse et profitable au goût. Une nouvelle salle de concerts s'est ouverte aussi rue Taitbout. On y a retrouvé les concerts Danbé, qui avaient eu du succès au Grand-Hôtel. On y a terminé la soirée d'inauguration par une opérette qui, heureusement pour moi, échappe à ma compétence. La salle était, le premier soir, peu garnie, les invitations ayant été lancées trop tard.

Mme Pozzoni a fait au public de splendides adieux avec *Poliuto;* dans l'*andante* de l'air du premier acte (la *strette* convenait moins à cette voix, qui vocalise un peu lourdement), et dans le duo final du troisième acte surtout, la belle cantatrice a été littéralement acclamée, et c'était justice. Mme Pozzoni est au niveau, et l'on commence à le reconnaître, de tout ce que nous avons entendu de plus grand à ce Théâtre Italien, dont les souvenirs sont écrasants.

M. Fernando a de la puissance, seulement il ne sait pas assez nuancer son chant, ni le maintenir dans un état de justesse parfait. Mais cette voix cuivrée a bien soutenu le magnifique organe de Mme Pozzoni, dans l'ensemble final de l'opéra, qui a donné au public des Italiens une des vives émotions qu'il ait éprouvées à toutes les époques de l'histoire de l'art.

M. Giraudet a été un Sévère convenable ; malheureusement, on ne peut oublier le Don Quichotte qu'il a créé au Théâtre-Lyrique, surtout quand il joue un chevalier romain de si triste figure.

Les chœurs ont horriblement détoné à la fin. Qu'on y réfléchisse !... Polyeucte et Pauline, au dénouement, sont livrés aux bêtes, mais ne sont pas condamnés à entendre chanter aussi faux. Que le chef des chœurs songe que c'est là une aggravation tout à fait arbitraire du programme des persécutions des chrétiens sous l'empereur Décie ! Il est des degrés même dans ce que peut supporter le zèle des chrétiens les plus fervents.

Mlle Hólgi, un contralto de quelque mérite, a débuté, au même théâtre, dans Azucena d'*Il Trovatore*. La nouvelle venue semblait paralysée par la peur ; elle chante avec goût, mais sa voix manque de puissance. C'est encore néanmoins le contralto le plus acceptable que nous ait donné jusqu'à présent M. Bagier. Mais c'est bien inférieur aux souvenirs de Mlle Grossi et même de Mme de Belocca. La représentation, confiée à des artistes qui ne sont au plus que convenables, a été des plus froides. Privé d'intérêt dramatique pour des spectateurs qui, la plupart, ne trouvent le spectacle « comme il faut » que précisément parce qu'ils n'y comprennent rien, sans aucun prestige de mise en scène, le Théâtre Italien n'a plus de sens dès que, dans la soirée, on ne peut applaudir du moins un ou deux sujets hors ligne.

L'Opéra-Comique n'a donné qu'un petit acte, *Beppo*, imité de lord Byron et qui n'en est pas plus effrayant, pour descendre d'un frère de Manfred. On sait qu'il s'agit d'un mari qu'on croit mort, qui revient déguisé pour surveiller et éprouver sa femme, poursuivie par un galant qu'il finit par mettre en fuite. Rien de plus inoffensif que les stratagèmes dont le poëme se sert, si ce n'est la musique dans laquelle on les a mis. L'exécution confiée à Mlle Franck, à M. Charelli et à M. Neveux, n'a pas beaucoup plus de physionomie. M. Comte, auteur de la partition, est un ancien prix de Rome ; mais, depuis, ses lauriers ont eu un peu le temps de se faner. Hélas ! les prix de Rome sont des fruits verts que l'on ne sert parfois au public que lorsqu'ils ont passé à l'état de fruits secs.

Beppo est, après tout, un lever de rideau très-acceptable, ne se jouant qu'à l'heure où l'on n'est jamais difficile. *Mireille* fait décidément fortune au théâtre de M. du Locle, ce qui prouve que les œuvres de valeur ont partout leur public.

·Paul FOUCHER.

· CORRESPONDANCES ÉTRANGÈRES.

LONDRES. — Reprise d'*Hamlet* au *Lyceum*. Grand succès ponr M. Henry Irving, qui tient le rôle principal. On croit avoir trouvé, dans cet artiste, le successeur des Kean et des Kemble. Pendant ces dernières années, il s'est fait beaucoup remarquer dans le drame et dans la tragédie moderne. Il a été applaudi par un public d'élite dans *The Bells (le Juif polonais), Charles I*[er], tragédie de M. W. G. Wills, et dans *Eugène Aram*, drame tiré du roman de lord Lytton; mais son meilleur rôle est sans contredit celui d'*Hamlet;* il en a fait une étude sérieuse, ce dont les acteurs anglais n'ont guère l'habitude pour les pièces anciennes. C'est, d'ailleurs, une nature bien douée, un talent un peu bizarre, mais réel. La plupart des autres rôles sont tenus médiocrement, sauf *Polonius*, assez bien joué par M. Chippendale, et *le fossoyeur*, par M. Compton.

Avant la fin de l'année, *le Marchand de Venise* sera donné au *Prince of Wales's Theatre*, petite scène fort à la mode, mais où jusqu'à présent l'on n'a représenté aucune œuvre de Shakspeare. On y joue présentement *Sweethearts (les Fiancés)* de M. Gilbert, écrivain très-connu, à Londres, par de petites comédies et des scènes mythologiques.

Encore une pièce de Shakspeare : M. Hollingshead va donner, au *Gaiety Theatre*, *les Joyeuses commères de Windsor*. Falstaff sera tenu par M. Phelps, qui joue également dans la tragédie et dans la comédie.

Les amateurs de pantomimes sont peut-être moins nombreux qu'autrefois. Néanmoins on va donner de ces spectacles à deux ou trois des principaux théâtres de Londres. Tous les enfants y vont, accompagnés de leurs parents, heureux eux-mêmes d'aller voir des décors et des ballets magnifiques. Il y a quelquefois jusqu'à mille enfants employés dans ces représentations, à Noël : presque toujours des enfants très-pauvres ; c'est pour eux une occasion de faire une jolie récolte.

M. Percy Fitzgerald vient de publier *The romance of the stage*, gros recueil d'anecdotes intéressantes sur les comédiens depuis Betterton jusqu'à Macready. Ce livre n'est pas à lire entièrement, mais les historiens le trouveront utile.

Frederick WEDMORE.

Un autre de nos correspondants nous communique les notes suivantes :

THÉATRE ROYAL DE DRURY-LANE. — *Aladin ou la Lampe merveilleuse*, pantomime de Noël dans laquelle la célèbre famille Vokes doit faire sa nouvelle apparition en Angleterre, sera donnée le jour de Saint-Étienne. Actuellement, dernières représentations de *Richard-Cœur-de-Lion*, arrangé par M. Andrew Holliday. Magnifiques décors, par M. Beverly. Le 14 décembre, représentation des *Merry wives of Windsor* de Shakspeare. M. James Anderson prend pour la première fois le rôle de Falstaff. Le 15, *Hamlet*, au bénéfice de M. Creswick, qui, pour la première fois, tient le principal rôle. Le 16, sur la demande expresse du public, *Roméo et Juliette*, au bénéfice de miss Wallis, qui représentera Juliette.

THÉATRE ROYAL DE HAYMARKET. — *Dundreary*, chaque soir. Toujours grand succès. M. Sothern, que vous avez vu à Paris, joue le rôle de lord Dundreary ; M. Buckstone, celui de Asa Trenchard ; miss Minnie Walton, celui de Mary.

THÉATRE ROYAL D'ADELPHI. — *The Children in the Wood (les Enfants dans le bois)*, pantomime en préparation pour Noël. En ce moment, on joue *The Prayer in the Storm (la Prière pendant l'orage)*. Immense succès. M. James Fernandez joue Pedro ; miss Geneviève Ward représente Blanche de Valois et Unarita.

PRINCESS THEATRE. — Toujours une pantomime de Noël : *Beauty and the Beast (La Belle et la Bête)*. Cette semaine, pour la 77e fois, *Lost in London (Perdu dans Londres)*, qui a obtenu un succès fou.

THÉATRE ROYAL OLYMPIQUE. — *Les deux Orphelins*. Les journaux de Londres disent que les visiteurs de la métropole ne doivent pas s'en retourner chez eux sans avoir vu cette pièce si pleine d'*attraction*.

STRAND THEATRE. — *Low and the Party*, nouvelle et spirituelle bouffonnerie qui attire la foule chaque soir. Elle a été jouée avec un succès égal à celui de *Némésis*, ce n'est pas peu dire. On joue aussi à ce théâtre : *Les Vieux Marins (old Sailors)*, pièce très-amusante.

THÉATRE DE LA GAITÉ (Strand). — *Oil and Vinegar (Huile et vinaigre)*, précédé d'un ballet. *Mme Ango. Giroflé-Girofla.*

THÉATRE DU GLOBE. — *Hamlet burlesque.* On jouera aussi une pantomime, à Noël.

THÉATRE ROYAL DU PRINCE DE GALLES. — *Sweet Hearts. (Les Fiancés).*

ROYAL COURT THEATRE. — *Peacock's Holliday*, et autres petites pièces insignifiantes.

THÉATRE DE SAINT-JAMES. — Tous les soirs, on joue *le Prince noir*, nouvelle comédie-bouffe, jouée par Mmes Célina Dolaro, Émilie Duncan, la belle actrice que tout Londres admire, d'Aquilar, Verner et Nélie Brombey, MM. Chatterson, John Rouse, Norton, Vernon, Clifford et John Hall.

THÉATRE DU VAUDEVILLE. — *Legacy Love* et le célèbre et attrayant burlesque classique *Romulus et Rémus.*

OPÉRA-COMIQUE. — *Ixion Re-Wheel'd*, nouveau grand opéra bouffe extravagant, par M. Burnand et la comédie de Byron : *War to the knife (Guerre au couteau).*

THEATRE D'HOLBORN. — *Newmarket*, épisode du turf.

THÉATRE DE CHARING CROSS. — *Barbe-Bleue.*

THÉATRE ROYAL DE L'ALHAMBRA. — *Le roi Carotte.* Toujours succès fou. Miss Alice Weber joue le rôle de la princesse Cunégonde ; Rosa Bell, celui de Robin Wildfire Lennox Grey, celui de Rosée du soir ; M. Harry Paulton, celui du Roi Carotte, Melbourne, celui du prince Fridolin. Le grand ballet des Insectes, par M. Dewinne, est illustré par la célèbre Mlle Pertoldi. Une autre première danseuse fort admirée, Mlle Sara, est obligée de prendre du repos, par suite d'une blessure qu'elle s'est faite à la jambe en dansant.

THÉATRE PHILHARMONIQUE. — *Giroflé-Girofla* et *la Fille de Madame Angot.*

ROYAL THÉATRE ALEXANDRA. — *Octoroon* et *Colleen Bown*, où jouent Mmes Gordon, Douglas, Covenay, et MM. George Owen, Herbert, Gayton et Mello.

ROYAL THEATRE DE COVENT GARDEN. — En préparation, depuis le mois de mai, la pantomime des *Babes in the Wood (Les enfants dans le Bois)* et *the Big Bed of Ware (Le Grand Lit de Ware)*, admirablement monté. Y paraissent : Mmes Goodall, Catherine Lewis, Stembridge, Bossi, Rebecca Isaacs, Webbs et Lillia ; MM. Wilford, Morgan, Gould, Wainwright, Walton, Hemmings, Carena, etc.

THÉATRE DU CRITERION. — *Les Prés Saint-Gervais*, en anglais, adaptés par M. Robert Reece; représentés sous la direction de Mr. et Mrs. Liston. *Le Standard* dit que « la musique de cet opéra comique, pour la plus grande partie, est fort distinguée, et que certains passages sont dignes de la plume d'Auber. »

GRAND CIRQUE D'HENGLER. — La quatrième saison de cet établissement, sans rival dans Londres et célèbre dans le monde entier, vient de commencer. Principaux artistes : Mr. Woods Cooke, le fameux écuyer américain qui fait sa première apparition en Europe; MM. Tom Barry, célèbre clown ; Herbert Cooke ; Léon, extraordinaire gymnasiarque, et ses élèves; les fameux patineurs, Mlle Rose et MM. French et Harris; MM. Willie et Ernest, les bijoux du Gymnase; la grande équilibriste espagnole, la senora Millieturnom; Mme Félix, avec sa troupe de chiens savants.

PALAIS DE CRISTAL. — Il s'y joue des comédies anglaises dont l'une surtout fait fureur : *Love Chase (Chasse à l'amour).*

LEROY DE SAINTE-CROIX.

BRUXELLES. — *Théâtre de la Monnaie.* Selon l'usage, il se traîne languissamment dans l'ornière du vieux répertoire. La troupe d'opéra-comique est attristante, et elle a déjà soulevé plus d'une fois de violents orages dans le coin des abonnés grincheux. L'étoile, Mlle Priola, après avoir été un instant en faveur, végète maintenant au milieu de l'indifférence. C'est dans ces favorables dispositions qu'on a repris, pour se conformer à la routine, *Martha* et *Zampa*. — *Roméo*, avec M. Warot et Mᴵˡᵉ Priola, a marché un peu moins mal, mais que la note générale est donc terne ! Et puis, comment trouver de l'illusion et du charme dans des amoureux de cet acabit?'

La troupe de grand-opéra est bien meilleure, et, heureusement pour l'entreprise, elle fait de très-belles recettes. La dernière quinzaine nous a donné une excellente représentation de *Guillaume Tell*, avec MM. Salomon, Devoyod et Echetto; une représentation de *la Juive*, très-supportable (c'est le meilleur rôle de M. Salomon), et enfin une reprise de *Robert le Diable*, dans laquelle une élève du Conservatoire de Bruxelles a montré les plus heureuses dispositions; elle se nomme Mᴵˡᵉ Leslino.

Théâtre des Galeries Saint-Hubert. Mᴵˡᵉ Dica-Petit, qui utilise, à Bruxelles, les loisirs que lui laissent les directeurs de Paris, a joué successivement sur le théatre des Galeries : *la Veuve*, *Paul Forestier* et *Nos Intimes*. La première de ces pièces, qui n'est cependant pas plus immorale que les deux autres, a fort scandalisé le public belge, lequel a pris, depuis longtemps, pour devise ces deux mots : *pudicité et froideur*. On répète activement *la Boule*, qui doit passer dans peu. M. Paulin Ménier viendra ensuite jouer, pendant quinze jours, *le Courrier de Lyon* (inconnu à Bruxelles !), ce qui donnera le temps à M. Delvil de monter *le Tour du Monde*, qui sera prêt à la fin de janvier.

Théâtre du Parc. Après les larmes, le rire joyeux : c'est ainsi que s'exprime, dans ses réclames, l'administration du théâtre du Parc. Le drame des *Deux Orphelines*, qui avait triomphalement doublé le cap de la centième, a fait place à MM. Brasseur, Hyacinthe, Numa et à Mᴵˡᵉ G. Olivier. Ceux-ci recueillent, chaque soir, des bravos sans fin et font régulièrement le maximum de la recette. Heureux artistes ! heureuse direction ! heureux public, qui n'est pas toujours à pareille fête !

Théâtre des Fantaisies parisiennes. Après le four mémorable du *Chignon d'or*, le théâtre des Fantaisies a retrouvé des jours moins mauvais. On a repris tour à tour, sur la scène de la rue d'Arenberg, *Giroflé* et *la Jolie Parfumeuse;* Mᵐᵉ Théo, succédant à Mᴵˡᵉ Massue, et Mᴵˡᵉ Massue succédant à Mᵐᵉ Théo, au caprice des indispositions de l'une et de l'autre. Mᴵˡᵉ Luigini, si vaillante d'ordinaire, a elle-même été malade. On conçoit que « la marche du répertoire » s'en ressente. *Bagatelle* et *Pomme d'api*, avec Mᵐᵉ Théo et M. Bonnet, n'ont eu qu'un demi-succès. On répète activemement *les dernières Grisettes*. Les indiscrets prétendent que c'est une vieille pièce du théâtre Comte, retournée.

Théâtre de l'Alhambra. Le théâtre de la rue du Cirque tient un long et fructueux succès avec *la Reine Margot* d'A. Dumas. La reprise de cette pièce, entourée d'une mise en scène éclatante et très-convenablement interprétée, a réussi pleinement.

Théâtre Molière. Ce théâtre, dédié à la reine, ainsi qu'on peut le lire sur le fronton du monument, joue invariablement le répertoire de Scribe et de M. Augier. C'est, pour ainsi dire, la Comédie-Française Belge. Aussi remarque-t-on que les habitants d'Ixelles, qui fréquentent assidûment cette école excellente, ont déjà une prononciation bien supérieure à celle de leurs concitoyens du bas de la ville. Si ce bienfait pouvait se généraliser !

Théâtre des Délassements. Le théâtre de la rue de Cologne, qui a la spécialité des drames inédits et politiques, continue de rester fidèle à ses anciennes traditions. Après *Santa-Cruz ou les Carlistes en Espagne*, nous avons à présent une machine intitulée *les Martyrs de l'indépendance*. Ces élucubrations plaisent surtout au public habituel du quartier, et il s'excite à ce point quelquefois, qu'un soir le comédien qui remplissait le rôle de *Santa-Cruz* a failli être écharpé !

Casino Saint-Hubert. L'homme tatoué est venu à Bruxelles pour tenter, ainsi

qu'il l'avait fait à Paris, de relever le niveau de l'art dramatique. Voilà des spectacles
qui profitent à l'intelligence et qui relèvent l'humanité. Honneur au tatoué!

F. D. M.

VIENNE. — *Burgtheater*. La nouveauté, dans le premier théâtre de la capitale,
est une comédie en quatre actes, *Ein Erfolg* (*Un Succès*), de M. Paul Lindau, de
Berlin, auteur dramatique et critique très-apprécié, et rédacteur en chef de la principale revue littéraire d'Allemagne, *die Gegenwart* (le Présent). La première représentation de cette pièce, jouée d'abord à Berlin, au commencement de la saison, a donné
lieu à un petit scandale. La jeunesse dorée du *quartier latin* de la ville, ayant mani-
festé son opposition trop bruyamment, fut menacée, le lendemain, par l'Intendant des
théâtres impériaux, M. de Hülsen, de la privation de ses entrées de faveur; à quoi les
étudiants répondirent avec dignité qu'ils renonçaient à leurs entrées et qu'ils vou
laient avoir la liberté de juger les œuvres littéraires. Le soir même, ils accentuèrent
leur réponse en allant donner un charivari monstre à M. de Hülsen.

On était fort curieux ici, où l'on n'est pas toujours d'accord avec nos voisins du
Nord, de savoir comment serait accueillie la pièce. Le 28 novembre, elle a obtenu
un plein succès; l'auteur, qui était présent, a été rappelé cinq ou six fois. Le lendemain, la presse a essayé de prouver que la comédie n'est pas d'un goût très-raffiné :
la salle n'en est pas moins comble tous les soirs; *Un Succès* est un véritable succès, et
les Viennois ne se lassent pas de l'entendre ni de le réentendre. Il faut remarquer
toutefois qu'une bonne part du triomphe revient à M. Sonnenthal et à Mme Gabillon,
qui développent, dans l'œuvre de M. Paul Lindau, toutes les finesses de leur talent.

Stadt-Theater. Deux pièces traduites du français, *le Sphinx* de M. Octave Feuillet,
et *la Belle Marquise* de MM. Nus et Belot attirent, depuis une semaine, tous les soirs,
un public nombreux et distingué. La première est bien jouée, surtout par Mlle Frank,
qui, sans valoir Mlle Croizette, mérite les applaudissements qu'on lui prodigue.

Carl-Theater. Ce théâtre a donné récemment une traduction de *la Jolie Parfumeuse* (*Schonroschen*), qui fait accourir le public, même après 140 représentations de
la Fille de Madame Angot. Succès aussi grand, avec le drame populaire *Mein Leo-
pold*, de M. L'Arronge, un auteur de Berlin, dû en partie à une interprétation hors
ligne par MM. Jauner, le directeur, et Matras, le comique. — Le bruit court que
M. Jauner aurait acquis, pour le *Carl-Theater*, *le Tour du monde en 80 jours*.

Theater an der Wien. Il chôme depuis quelque temps, à cause d'une indisposition
de Mlle Geistinger, qui en est à la fois la directrice et la principale artiste. On y
annonce comme prochaines les représentations de *Madame l'Archiduc*.

Tuchlauben-Theater. Cette petite scène, qui est, depuis l'automne, sous la direction
de M. Rosen, un auteur dramatique très-connu, égaie beaucoup, grâce à Mlle Gall-
mayer — notre Alphonsine — un nombreux public, dans la parodie de *la Fille de
Madame Angot*.

Opéra-Comique. Grand succès de Mme Pauline Lucca. Cette artiste chantera prochainement trois fois à l'*Opéra Impérial*.

Nous signalerons encore un événement qui a eu lieu dans le monde théâtral.
M. de Dingelstedt, directeur du *Burgtheater* et Conseiller aulique, a fait, le 1er décembre, dans la salle de l'Académie de Musique, une causerie au bénéfice de l'Asso-
ciation des journalistes (*Concordia*). Ce personnage qui a bien mérité des lettrés alle-
mands par ses mises en scène des drames historiques de Shakspeare, et qui est célèbre
par sa connaissance approfondie du grand poëte britannique et en général de la littérature d'outre-Manche, a parlé du théâtre en Angleterre au temps de l'illustre Wil-
liam. La verve de son discours et ses aperçus ingénieux ont enthousiasmé le public.

Docteur Arnold HIRSCH.

VARSOVIE. — Il y a ici deux saisons théâtrales distinctes : la saison d'été et la saison d'hiver. Pendant la saison d'été, la ville ne possède pas moins de huit théâtres, dont six sont à peu près continuellement en activité. Pendant la saison d'hiver, il n'en reste que deux, administrés par le Gouvernement, sans compter le théâtre de *Pomarʒneʒarnia* (théâtre de l'Orangerie), à Larienki, lequel fonctionne seulement pendant les séjours de l'empereur.

Nous avons donc :

1° *Le Grand Théâtre* (été et hiver), jouant l'opéra, en italien pendant quatre mois de l'hiver, en polonais pendant toute l'année, ainsi que la tragédie, le drame, la comédie, le ballet.

2° *Le théâtre des Variétés ;* il fonctionne rarement en été ; l'hiver, il donne des représentations quotidiennes. Il joue la comédie, l'opérette, le vaudeville, etc.

3° *Le théâtre d'été*, au jardin de Saxe (été). Il remplace *les Variétés* et *le Grand Théâtre*, et emprunte le genre de ces deux scènes.

4° *Le théâtre de l'île de Larienki* (été), qui remplace *le Grand Théâtre* les jours de fête.

Ces cinq théâtres sont gérés par le Gouvernement.

6° *L'Alhambra*, petit théâtre d'été situé dans un jardin public.

7° et 8° *L'Eldorado* et *le Tivoli*, analogues à *l'Alhambra*. Ces trois établissements sont des entreprises privées et ne fonctionnent que pendant trois mois de l'année.

Le Président des théâtres de Varsovie est M. Serge de Mouchanoff, maître de la Cour de S. M. et Intendant des palais impériaux. Le directeur est M. Bojanowski, Conseiller d'État.

Pour la tragédie, le drame et la comédie, le régisseur est M. Jean Chzcinski ; les principaux artistes, MM. Zotkowski, Krolikowski, Rapacki, Mmes Modrzejewska, Popiel, Rakiewicz.

Pour l'opéra italien, l'impresario : M. Ciaffei, qui a succédé à M. Merelli. L'opéra italien ne commençant que le 13 décembre courant, nous en parlerons dans le prochain numéro.

Pour l'opéra polonais, chefs d'orchestre : MM. Guattrini, Münccheimer ; chef d'attaque : M. Gorski. Principaux artistes : MM. Filleborn, Cieslewski ; Mmes Dowiakowska, Juniewicz. — Pour le ballet, régisseur : M. Meunier ; premier danseur : M. Gellert ; première danseuse : Mlle Cholewicka.

La scène polonaise a éprouvé dernièrement deux pertes douloureuses. Mme Bakestowicz, artiste d'un grand talent, est morte en novembre, ainsi que M. Calori, directeur et compositeur de ballets.

Au théâtre des *Variétés*, on représente, par semaine, une pièce nouvelle, en général traduite du français, presque jamais de l'allemand. Ce sont de petites comédies ou vaudevilles servant de lever de rideau. On ne joue qu'une fois par mois les pièces nouvelles qui prennent tout le spectacle.

Les œuvres nationales représentées, pendant la dernière saison, sur les deux premiers théâtres de Varsovie, sont : *Maʒepa*, trag. 5 a. vers, par M. Stowacki ; *le Vieux mari*, com. 3 a. prose, par M. Kovremowski ; *une Mère prévoyante*, com. 1 a. prose, par M. Blizinski ; *Zyʒio*, com. 1 a. prose, par Mme Meller ; *Il n'y a que le premier pas qui coûte*, com. 1 a. prose, par M. le comte Koziobrodzki ; *les Positivistes*, com. 5 a. prose (grand succès), par M. Navzymski ; *En progrès*, com. 5 a. vers, par M. Zaleski.

En fait de pièces traduites, on a donné : *Tartuffe* et *Sganarelle*, de Molière ; *Othello*, de Shakspeare ; *le Joueur de flûte*, de M. E. Augier ; *les Diables noirs*, de M. V. Sardou ; *le Sphinx* et *l'Acrobate* de M. Octave Feuillet ; enfin *Tricoche et Cacolet*.

On répète *les Chauves-Souris*, comédie en 5 a. en prose, de M. Lubowski, et plusieurs petites pièces en un ou deux actes.

Presque tous les chefs-d'œuvre des littératures dramatiques française, anglaise et allemande, traduits en polonais, occupent périodiquement notre scène.

En Polonais également, sont au répertoire courant : *le Prophète*, *Robert le Diable*, *Il Trovatore*, *la Fille de Madame Angot*, les pièces de M. Offenbach, *la Périchole*, ainsi que *le Spectre du Woivode*, opéra polonais en 3 actes de M. Grossman, *Mélusine*, *le Maître Twardowski*, grands ballets composés par feu Calori.

VENCESLAS SZYMANOWSKI.

Notre correspondant d'Italie, M. Louis Gualdo, nous annonce, pour le prochain numéro, une lettre sur les représentations de M. Ernesto Rossi au *Dal Verme* de Milan.

LEIPZIG.—6 décembre, première représentation de *Noblesse oblige* ou *Chevalier et Parvenu*, comédie en 3 actes, par M. Guillaume Marr.

Marr est un nom sympathique en Allemagne. Il a d'abord été illustré par le père de l'écrivain dont nous parlons, Henri Marr, un des comédiens les plus éminents du siècle, mort il y a peu d'années. La pièce de M. Guillaume Marr s'appelait d'abord *Chevalier et Parvenu*. Mais les Intendants de quelques théâtres s'offusquèrent de ce titre (pourquoi?) et y substituèrent celui de *Noblesse oblige*. L'incident avait éveillé la curiosité du public; elle a été déçue. L'œuvre de M. Marr est exempte d'allusions scandaleuses. C'est tout simplement l'histoire d'un banquier juif qui s'associe à un chevalier pour entreprendre des affaires véreuses. Le chevalier ne se sait pas l'instrument d'un coquin; il veut marier sa fille au fils du banquier, qui s'est fait anoblir. Mais le frère de celui-ci, qui est honnête homme, dévoile son caractère et ses desseins au beau-frère du chevalier et fait manquer le mariage. Le chevalier donne même sa fille à un officier bourgeois.

Cette action est maigre pour trois actes. M. Rudolphe Gottschall, un des nos critiques distingués, compare avec raison la pièce à une « esquisse gravée sur bois, avec des contours trop forts. » Les caractères manquent d'originalité; on les a traités cent fois. Le banquier, M. Aronheim, est sans esprit; sa femme, qui tâche d'en avoir, en a moins encore, et ces deux rôles paraîtraient ridicules sans M. Haensler et Mme Holzstamm, dont le talent les relève un peu. M. Lintz s'acquitte bien du rôle d'Antoine, le fils des précédents. Le comte de La Tour et le frère du juif sont également bien joués par MM. Klein et Fietz; ces deux acteurs, a-t-on dit, « veillent où l'écrivain a dormi.» Les autres rôles sont mollement tenus par M. Sturmer (baron Berg), Mme Bethmann (Amalie, femme de ce dernier), Mlle Schendler, leur fille, M. Hanhe (Schmidt, un blasonnier), et M. Frotz (Strahlfeld, l'officier). — En un mot, la pièce est très-contestée, et une partie du public l'a vivement applaudie, tandis que l'autre n'était pas moins énergique dans son opposition.

JOSEPH KURSCHNER.

La salle dite des Familles, dirigée par M. Alexandre Lemoine, rue du Faubourg-Saint-Honoré, 36, cité du Retiro, inaugure, cette semaine, un double cours de chant et de déclamation confié à Mme E. Picard, du théâtre de l'Odéon, et à Mlle Chaudouet, artiste lyrique des théâtres d'Italie. Ce que nous connaissons de la première de ces artistes et ce qu'on dit de la seconde nous font espérer que leur tentative réussira.

Le Directeur-gérant : JULES BONNASSIES.

Imprimerie Eugène HEUTTE et Cie, à Saint-Germain.

PRIX DE L'ABONNEMENT POUR TOUTE LA FRANCE :

Un an : **30** fr. — Six mois : **16** fr. — Trois mois : **9** fr.

Étranger : *l'excédant du port en sus.*

On peut s'abonner chez tous les libraires, ou par l'envoi d'un mandat postal à l'ordre de *M. le Directeur-Gérant de l'ÉCHO DE LA SORBONNE*, à Paris, 7, rue Guénégaud.

PRIX DE CHAQUE NUMÉRO : **1 fr. 50**

BUREAU DE RÉDACTION	*ADMINISTRATION*
14, RUE DE L'ANCIENNE-COMÉDIE	Librairie de l'Écho de la Sorbonne
(Les mardis et samedis de 3 à 5 heures)	PARIS, 7, RUE GUÉNÉGAUD

RÉDACTION :

Jules d'Argis, Théodore de Banville, Eugène Baret, comte de Baudissin, Alphonse Baudot, Gustave Bertrand, Alfred Blot, Borel d'Hauterive, vicomte de Bornier, Fernand Bourgeat, Charles Brunet, Camparcon, Ludovic Celler, Augustin Challamel, Champfleury, Émile Chasles, Jules Claretie, Hippolyte Cocheris, François Coppée, Jules Cousin, Eugène Despois, Charles Deulin, Paul Ferrier, Paul Féval, Joseph de Filippi, Albert de la Fizelière, Paul Foucher, Victor Fournel, Édouard Fournier, Alfred Franklin, Charles Garnier, Germond de Lavigne, Charles Gidel, Paul Ginisty, Emmanuel Gonzalès, Théophile Guérin, Luigi Gualdo, Léon Guillard, Ludovic Halévy, Georges d'Heylli, Hillemacher, docteur Hirsch, Achille Jubinal, Adolphe Jullien, Paul Lacroix, Léopold Laluyé, Laffitte, Henri de Lapommeraye, Antoine de La Tour, Leconte de Lisle, Ernest Legouvé, Leroy de Sainte-Croix, Léo Lespès, Frédéric Lock, Hippolyte Lucas, Fernand de Marescot, Maret-Leriche, Marty-Laveaux, Henri Meilhac, Ménétrier, Paul Mesnard, Louis Moland, Paul Milliet, de Molinari, Charles Monselet, Monrose, Anatole de Montaiglon, Eugène Montrosier, Moynet, Charles Nuitter, comte d'Osmoy, Alphonse Pagès, Albert Pinard, Eugène Piot, Arthur Pougin, Régnier, Léon Ricquier, Sapin, Francisque Sarcey, Eugène Talbot, Édouard Thierry, Louis Ulbach, Frédéric Wedmore, Venceslas Szymanowski.

IMPRIMERIE EUGÈNE HEUTTE ET Cⁱᵉ, A SAINT-GERMAIN.